LIVE 한국사 12권

병자호란과 북벌

천재교육

글 윤상석

성균관대학교 생물학과를 졸업하고 두산동아 편집부에서 근무하다 현재는 프리랜서 작가로 활동 중입니다. 주요 작품으로는 〈앗, 이럴수가! 과학특급체험〉, 〈만화 경제기사 따라잡기〉, 〈Why? 화폐와 경제〉, 〈Why? 캐나다〉, 〈외우지 않고 통으로 이해하는 만화 통세계사〉 등이 있습니다.

그림 김기수

어린이들이 흥미롭고 즐겁게 배우고 꿈을 키울 수 있는 만화를 그리고 있습니다. 주요 작품으로는 〈마법천자문 부수마법편〉, 〈마법천자문 영문법원정대〉, 〈만화로 보는 탈무드〉, 〈SCIENCE UP! 지진과 화산〉 등이 있습니다.

학습·감수 윤민혁

서울대학교 사범대학 역사교육과를 졸업하였습니다. 현재 메가스터디 학원 등에서 한국사 강사로 활동 중입니다. 주요 저서로는 〈셀파 중학 역사(천재교육)〉, 〈중학 역사 자습서(천재교육)〉, 〈메가북스 기출외전 개념총정리 한국사 능력 검정시험〉 등이 있습니다.

LIVE 한국사 ⑫ 조선 후기Ⅱ 〈병자호란과 북벌〉

발행 | 2016년 12월 15일 초판 **인쇄** | 2023년 2월 27일 6쇄
발행처 | (주)천재교육
글 | 윤상석 **그림** | 김기수 **학습·감수** | 윤민혁
표지 그림 | 윤재홍 **표지 디자인** | 양x호랭
편집 | 이복선, 안흥식, 박세경, 오수연, 조한나, 이재신, 김지영, 김정현, 김수지, 김수진
마케팅 | 김철우 **제작** | 황성진
사진제공 | 표지 국립중앙박물관, 문화재청
　　　　　본문 국립중앙박물관, 문화재청, 국립문화재연구소, 한국학중앙연구원, 국립고궁박물관, 독도박물관,
　　　　　독도의 역사, 독도의 진실, 연합뉴스, 픽사베이, 위키피디아, 천재교육
신고번호 | 제2001-000018호(1980.5.28)
팩스 | 02-3282-1717 **고객만족센터** | 1577-0902
주소 | 08513 서울특별시 금천구 가산로9길 54
홈페이지 | www.chunjae.co.kr

ISBN 979-11-259-1847-9 74910
ISBN 979-11-259-1336-8 74910 (세트)

이 책은 저작권법에 보호받는 저작물이므로 무단복제, 전송은 법으로 금지되어 있습니다.

추천의 글

　우리가 역사 공부를 하는 이유는 우리 사회의 여러 문제를 해결하기 위한 지혜를 얻기 위해서입니다. 한국사는 우리 삶과 문화의 뿌리이기 때문입니다. 지구촌 시대에 이러한 소속감의 중요성은 그 어느 때보다도 강조되고 있습니다. 하지만 이런 소속감은 하루아침에 생기지 않습니다. 조금씩이라도 어릴 때부터 흥미를 가지고 역사 속 이야기들에 귀를 기울이면서 생각해 보는 경험이 필요합니다.

　<LIVE 한국사>는 이런 목적에 맞게 잘 만들어진 책입니다. 무엇보다 쉽고 재미있으면서도 내용이 충실합니다. 최신의 연구 성과를 반영하고 균형감 있는 관점에 따라 잘 정리해 놓았습니다. 이 책을 읽는 초등학생들이 건전한 민주 시민으로 자라나게 될 것을 기대해 봅니다.

서울대 국사학과 교수
허수

이 책의 특징

1. 인물 중심 역사!

인물과 관련된 사건의 원인과 과정, 결과를 만화 속에 녹여 독자의 이해를 돕습니다.

2. 톡톡 튀는 정보!

만화 사이에 문화재 사진과 학습팁을 삽입, 놓치기 쉬운 학습 정보를 보충합니다.

꼭 읽고 만화를 보도록 해!

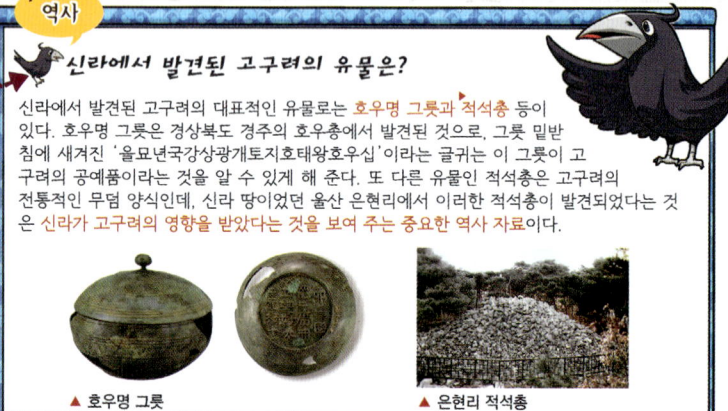

톡톡! 역사 — 신라에서 발견된 고구려의 유물은?

신라에서 발견된 고구려의 대표적인 유물로는 호우명 그릇과 적석총 등이 있다. 호우명 그릇은 경상북도 경주의 호우총에서 발견된 것으로, 그릇 밑받침에 새겨진 '을묘년국강상광개토지호태왕호우십'이라는 글귀는 이 그릇이 고구려의 공예품이라는 것을 알 수 있게 해 준다. 또 다른 유물인 적석총은 고구려의 전통적인 무덤 양식인데, 신라 땅이었던 울산 은현리에서 이러한 적석총이 발견되었다는 것은 신라가 고구려의 영향을 받았다는 것을 보여 주는 중요한 역사 자료이다.

▲ 호우명 그릇   ▲ 은현리 적석총

3. 충실한 자료!

만화 속 배경, 복식, 나이 등을 실제 사료를 참고하여 충실히 구현했습니다.

최신 발굴 유적과 유물 사진, 교과서에서 자주 나오는 지도를 담았습니다.

발해 보루와 바리 토기는 2015년에 발굴되었어!

▲ 고구려 집안현 개마무사 모사도
ⓒ 국립중앙박물관

▲ 만화 속에 반영된 고구려 개마무사

▲ 연해주 발해 보루터
ⓒ 국립문화재연구소

▲ 연해주 발해 말갈층 바리 토기 ⓒ 국립문화재연구소

▲ 교과서 속 지도

④ 한눈에 보는 역사!

만화에서 동아시아의 역사를 함께 보여 주고 핵심 노트에서 한국사와 동시대의 세계사를 요약, 정리했습니다.

고구려와 남북조의 관계를 묘사했어!

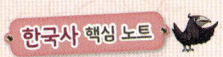 VS

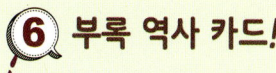

⑤ 드론 & 박물관 생생 역사 체험!

스마트폰으로 QR코드를 찍으면 해당 문화재가 있는 박물관 및 직접 촬영한 드론 동영상 등을 생생하게 체험할 수 있습니다.

⑥ 부록 역사 카드!

스마트폰으로 역사 카드 뒷면의 QR코드를 찍어 앱을 다운받으면 3D 증강 현실과 애니메이션으로 역사 속 인물을 만나 볼 수 있습니다.

★ 멀티 영상 감상 방법!

① 스마트폰으로 QR코드를 찍어 〈LIVE 한국사〉 앱을 설치한 후 각 권을 다운받습니다.
② 카드 앞면의 이미지를 앱에 비추고 해당 권의 애니메이션을 선택하여 감상합니다.
③ 카드 한 장은 스페셜 카드로, 증강 현실과 3D 애니메이션을 감상할 수 있습니다.

등장인물 소개

누리
"조선의 역사 정신은 무엇일까?"

평소 역사에 관심이 많아 단짝 아라와 함께 경복궁으로 견학을 갔다가 덜렁대는 아라 덕분에 환상적인 역사 여행을 하게 된다.

아라
"보주의 조각은 나에게 맡겨!"

용감하고 나서기 좋아하는 여장부이지만 미남 앞에서는 매우 수줍어한다. 평소 부하라고 여기는 누리와 환상적인 역사 여행을 하게 된다.

보주

"우리 민족의 역사의식을 담은 결정체, 보물 구슬이야!"

한민족의 역사의식을 담고 있는 보물 구슬로, 언제 어디서 생겨났는지는 아무도 모른다. 아라의 장난 때문에 20조각으로 부서져 과거로 사라졌다.

자명

"명나라로 갔던 사신이 날 조선으로 데려왔어."

서양의 자명종 시계처럼 생긴 역사 마스터. 자명종을 울리며 시곗바늘을 돌려 과거와 미래를 자유롭게 오갈 수 있다.

광해군

"명나라와 후금 사이에서 중립 외교를 하였어."

(재위 1608~1623년)
조선의 15대 왕. 임시 조정을 이끌고 민심을 살피는 등 전란의 뒷수습을 했으며, 즉위 후에는 실리를 따지는 중립 외교를 하였다. 후에 인조반정으로 폐위되었다.

인조

"명나라와 친하게 지내고 청나라를 멀리했지."

(재위 1623~1649년)
조선의 16대 왕. 인조반정에 성공하여, 광해군을 몰아내고 왕위에 올랐다. 청나라가 일으킨 병자호란과 정묘호란을 겪었다.

소현 세자
"청나라에서 외교관의 역할을 하였어."

(1612~1645년)
인조의 맏아들. 병자호란 때 청나라에 볼모로 잡혀갔다. 아담 샬과 교류하며 서양 문물에도 관심을 보였으나, 귀국 후 갑작스럽게 죽었다.

효종
"청나라를 용서할 수 없다!"

(재위 1649~1659년)
조선의 17대 왕. 병자호란 때 청나라에 8년간 볼모로 잡혀갔던 원한을 풀고자 북벌을 계획하였으나 뜻을 이루지 못하였다.

송시열
"조선은 명나라를 따라야 합니다."

(1607~1689년)
조선 후기의 문신·학자. 노론의 우두머리로서 효종의 장례 때 대왕대비가 상복을 몇 년 입어야 하는지에 대한 문제로 남인과 대립했다.

숙종
"조정의 중심 세력을 바꾸는 환국 정치를 하였어."

(재위 1674~1720년)
조선의 19대 왕. 대동법을 확대하여 실시하였다. 붕당 간의 대립을 심화시켰고, 백두산에 정계비를 세워 조선과 청나라의 경계를 확실히 하였다.

장 희빈
"나의 아들이 20대 왕, 경종이야."

(1659~1701년)
조선 숙종의 후궁이자 경종의 어머니이다. 폐비가 된 인현 왕후 대신 중전이 되었다가, 갑술환국 후 사약을 받고 죽었다.

안용복
"울릉도와 독도는 조선의 땅이다!"

조선 후기의 어부. 일본 어부들이 독도 인근에서 물고기를 잡자, 일본에 가서 울릉도와 독도는 조선의 영토라는 내용의 공식 외교 문서를 받아 왔다.

차례

1장 광해군은 왜 왕위에서 쫓겨났을까? ········ 10
　　　　　　한국사·세계사 핵심 노트 ········ 42

2장 소현 세자는 왜 인조에게 미움을 받았을까? ········ 46
　　　　　　한국사·세계사 핵심 노트 ········ 88

3장 효종과 송시열은 왜 북벌 계획을 세웠을까? ········ 92
　　　　　　한국사·세계사 핵심 노트 ········ 120

4장 숙종은 왕권을 어떻게 강화시켰을까? ········ 124
　　　　　　한국사·세계사 핵심 노트 ········ 152

5장 안용복은 울릉도와 독도를 어떻게 지켰을까? ········ 156
　　　　　　한국사·세계사 핵심 노트 ········ 180

🔍 교과서로 보는 연표 ········ 9　　📢 도전! 역사 퀴즈 ········ 184
📷 QR 박물관 ········ 194　　✏️ 정답과 해설 ········ 196

＊ 만화 하단의 ▶표시는 역사 관련 어휘, ＊표시는 일반 어휘로 구분하였습니다.

교과서로 보는 연표

이 책에 해당하는 역사 연도를 미리 살펴보세요!

한국사 | 세계사

한국사	연도	세계사
	1562	프랑스, 위그노 전쟁 시작 (~1598)
	1590	도요토미 히데요시, 일본 통일
임진왜란 발발, 한산도 대첩	1592	
행주 대첩	1593	
	1600	영국, 동인도 회사 설립
	1603	일본, 에도 막부 수립
광해군 즉위, 경기도에 대동법 실시	1608	
허준, 〈동의보감〉 완성	1610	
	1616	누르하치, 후금 건국
	1618	독일, 30년 전쟁 시작

> 대동법을 실시하여 백성의 부담을 줄이도록 한다.

한국사	연도	세계사
인조반정	1623	
정묘호란	1627	
병자호란	1636	후금, 국호를 청으로 바꿈
	1642	영국, 청교도 혁명
	1644	명 멸망, 청의 중국 통일
	1648	베스트팔렌 조약 체결
하멜, 제주도 표류	1653	
1차 예송	1659	
2차 예송	1674	
상평통보 주조	1678	
▶금위영 설치	1682	
	1688	영국, 명예혁명
	1689	청·러시아, 네르친스크 조약 체결
안용복, 독도에서 일본인 쫓아냄	1696	
전국적으로 대동법 실시	1708	
백두산정계비 건립	1712	

> 백두산정계비는 조선과 청나라의 국경을 표시하려고 세운 비석이래.

▶ **금위영** : 조선 시대의 중앙 군사 조직인 오군영 중 하나로, 한성을 지키던 군영.

광해군은 왜 왕위에서 쫓겨났을까?

▶ **선조(재위 1567~1608년)** : 조선의 14대 왕. 이이·이황 등의 인재를 등용하고 유학을 장려하였으나, 국력의 약화로 왜란을 겪었음.

* **적자** : 왕비가 낳은 아들.
▶ **세자** : 임금의 자리를 이을 임금의 아들.

▶ 광해군(재위 1608~1623년) : 조선의 15대 왕. 임시 조정을 이끌고 임진왜란의 뒷수습을 했으며, 즉위 뒤 명나라와 후금 사이에서 실리 외교를 펼쳤음. 뒤에 인조반정으로 폐위되었음.

▶ [12쪽] **명나라** : 1368~1644년. 주원장이 원나라를 몰아내고 세운 중국의 통일 왕조.
▶ **후궁** : 왕의 첩.

톡톡! 역사

선조는 왜 광해군을 미워했을까?

선조는 세자 광해군을 달가워하지 않았다. 광해군이 적자가 아니기도 하였지만, **백성들이 광해군을 더 따랐기 때문이었다.** 선조는 임진왜란 중에 도성을 버리고 피란을 갔지만, 광해군은 전국을 돌아다니며 *군량을 모으고 민심을 *수습하여 백성들의 존경을 받았다.

백성들이 나보다 세자를 더 따르다니!

얘들아, 이만 돌아가자.

네?

세자께서 왜 우리보고 가자고 하시지?

그야 지금 너희들은 광해군을 섬기고 있으니까.

후유.

세자 저하, 근심이 깊어 보이십니다.

아바마마께서 나 대신 영창 대군을 세자로 세우고 싶어 하신다.

하지만 이미 저하가 세자가 되셨잖아요.

지금은 영창 대군이 어리지만, 자라면 날 쫓아내겠지.

14
* **군량** : 군대의 양식.
* **수습** : 어지러운 마음을 가라앉히어 바로잡음.

분조(分 나눌 분, 朝 조정 조)란 무엇일까?

분조는 임진왜란 때 임시로 두었던 조정을 말한다. 선조는 북쪽 국경 근처의 의주로 피란하면서 세자 광해군에게 임시로 나라를 다스리게 하였다. 조정을 둘로 나눈 이유는 전쟁 중에는 왕의 지배권이 지방까지 미치지 않았기 때문이었다. 광해군은 신하 10여 명과 함께 평안도와 강원도 등지에서 분조를 이끌었다.

* **조정** : 임금이 나라의 정치를 신하들과 의논하거나 집행하는 곳.
* **의병장** : 의병을 거느리는 장수.

*군량미 : 군대의 양식으로 쓰는 쌀.
*극복 : 이기어 도로 회복함.

*[16쪽] 흥분 : 어떤 자극을 받아 감정이 북받쳐 일어남.
*유언 : 죽음에 이르러 말을 남김.

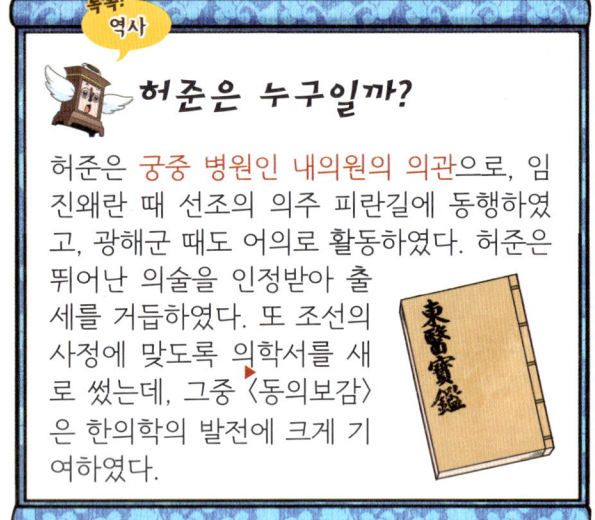

허준은 누구일까?

허준은 궁중 병원인 내의원의 의관으로, 임진왜란 때 선조의 의주 피란길에 동행하였고, 광해군 때도 어의로 활동하였다. 허준은 뛰어난 의술을 인정받아 출세를 거듭하였다. 또 조선의 사정에 맞도록 의학서를 새로 썼는데, 그중 〈동의보감〉은 한의학의 발전에 크게 기여하였다.

▶〈동의보감〉: 조선 시대에, 의관 허준이 선조의 명을 받들어 편찬한 의학서로, 1610년(광해군 2년)에 완성하였음. 2009년 유네스코 세계 기록 유산으로 지정되었음.

▶ **귀양** : 고려·조선 시대에, 죄인을 먼 시골이나 섬으로 보내어 일정한 기간 동안 제한된 곳에서만 살게 하던 형벌.

* **조치** : 벌어지는 사태를 잘 살펴서 필요한 대책을 세워 행함.
▶ **후금** : 중국에서, 1616년에 여진족장 누르하치가 세운 나라.

대동법이란 무엇일까?

조선 시대에는 특산물을 나라에 바치는 *납세 제도가 있었다. 그런데 지역에서 생산되지 않는 특산물을 바쳐야 하는 경우도 있어 백성들이 이를 구하기 어려워했다. 그래서 **특산물을 쌀로 통일하고 가진 땅의 크기에 따라 내게** 하였는데, 이 제도를 대동법이라고 한다.

*특산물 : 어떤 지역에서 특별히 생산되는 물건.
*납세 : 세금을 냄.

▶ 이이첨(1560~1623년) : 조선 중기의 문신. 선조의 세자를 정하는 문제로 논쟁이 있었을 때 광해군을 세우자고 주장하다가 유배되었으나, 광해군이 즉위하자 예조 판서에 올랐음.

▶ 김제남(1562~1613년) : 조선 중기의 문신이자 선조의 장인.
* 모의 : 어떤 일을 꾀하고 의논함.

▶임해군(1574~1609년) : 조선 선조의 맏아들. 임진왜란 때 일본군의 포로가 되었다가 석방되었으나, 광해군 즉위 후 유배되었다가 죽었음.

▶ 인목 대비(1584~1632년) : 조선 선조의 왕비. 1602년(선조 35년) 왕비에 책봉되었으나 광해군이 즉위하고 이이첨 등의 모함으로 서궁에 갇혔다가 인조반정으로 풀려났음.

*주상 : 임금을 달리 이르는 말.
*방면 : 붙잡아 가두어 두었던 사람을 놓아줌.

* 냉정하다 : 태도가 정다운 맛이 없고 차갑다.
* 질식 : 숨통이 막히거나 산소가 부족하여 숨을 쉴 수 없게 됨.

대북은 어떤 세력이었을까?

조선 시대에는 *사림들이 정치 의견에 따라 파를 나누어 서로 비판하였다. 처음에는 동인과 서인으로, 또 동인은 남인과 북인으로 나뉘었다. 북인은 광해군을 지지하는 대북과 영창 대군을 지지하는 소북으로 갈라졌는데, 광해군이 왕위에 오르면서 대북이 정권을 잡았다. 대북의 대표 인물로는 정인홍, 이이첨 등이 있다.

광해군 때에는 대북파가 정권을 잡았어.

* **사림** : 유학을 믿고 받드는 무리.
* **유폐** : 아주 깊숙이 가두어 둠.

* 재건 : 허물어진 건물이나 조직 따위를 다시 일으켜 세움.
* 동원 : 어떤 목적을 달성하고자 사람을 모음.

톡톡! 역사

동아시아에서 17세기 초는 어떤 시기였을까?

동아시아에서 17세기 초는 명·청 교체기에 해당한다. 당시 명나라는 심한 당파 싸움과 바닥난 국고로 세력이 크게 줄어들었고, 조선도 임진왜란 이후로 국력이 약해져 있었다. 반대로 여진족을 통일한 누르하치는 1616년에 후금을 세우고 세력을 키워 명나라와 조선을 압박했다.

* **파병**: 군대를 파견함.
▶ **국고**: 나라의 재산인 곡식이나 돈 따위를 넣어 보관하던 창고.

▶ 강홍립(1560~1627년) : 조선 광해군 때의 무신. 1619년(광해군 11년)에 후금의 포로가 되어 9년간 그곳에 머물렀고, 정묘호란 때 후금의 사신으로 조선에 와서 화친을 주선하였음.

* **화친** : 나라와 나라 사이에 다툼 없이 가까이 지냄.
* **칙서** : 임금이 특정인에게 알릴 내용을 적은 글이나 문서.

* 대의 : 사람으로서 마땅히 지키고 행하여야 할 큰 도리.
* 실리 : 실제로 얻는 이익.

*하사 : 임금이 신하에게, 또는 윗사람이 아랫사람에게 물건을 줌.
*부임 : 임명이나 발령을 받아 근무할 곳으로 감.

* 생포 : 산 채로 잡음.
* 반란 : 정부나 지도자 따위에 반대하여 내란을 일으킴.

*패륜: 인간으로서 마땅히 하여야 할 도리에 어그러짐.
*용납: 너그러운 마음으로 남의 말이나 행동을 받아들임.

▶ 능양군(1595~1649년) : 조선 선조의 손자. 1623년 인조반정에 성공하여 16대 왕 인조가 됨.
* 반정 : 옳지 못한 임금을 폐위하고 새 임금을 세워 나라를 바로잡음.

> **똑똑! 역사**
>
> ### 재조지은(再 두 재, 造 지을 조, 之 갈 지, 恩 은혜 은)이란?
>
> 재조지은은 '거의 망하게 된 것을 구원하여 도와준 은혜'라는 뜻이다. 명나라는 임진왜란 때 군대를 보내 조선을 도왔다. 명나라의 은혜, 즉 '재조지은'을 입었다고 생각하였던 조선의 지배층들은 광해군이 명나라와 후금 사이에서 *중립 외교를 펼치자 크게 비판하였다.

재조지은도 모르는 광해군은 왕 자격이 없다!

38
* **중립 외교** : 국가 사이의 분쟁이나 전쟁에 관여하지 아니하고 중간 입장을 지키는 외교.
* **명분** : 각각의 이름이나 신분에 따라 마땅히 지켜야 할 도리.

* 피신 : 위험을 피하여 몸을 숨김.
* 숙청 : 반대파를 없애 버림.

40
* 발각 : 숨기고 있던 것이 드러남.
* 폐위 : 왕이나 왕비 등의 자리를 폐함.

*[40쪽] 자결 : 화를 참지 못하거나 신념을 지키기 위해 스스로 목숨을 끊음.
*[40쪽] 녹록지 않다 : 만만하고 상대하기 쉽지 않다.

한국사 핵심 노트

대동법의 시행과 〈동의보감〉에 대해 살펴보자.

⬢ 대동법의 시행

1) 방납의*폐단

조선 시대에는 각 지역에서 나라에 필요한 특산물을 납부하는 공납(貢納) 제도를 운영하였다. 나라에서 각 지역에 납부할 물품(공물)과 양을 지정해 주면 집집마다 모아서 납부하였다. 그러나 16세기 무렵부터 지방의 관리와 상인이 짜고 부당한 이득을 챙기는 일이 생겼다. 백성이 구해 온 공물을 내려고 하면 품질이 떨어진다는 이유로 받지 않고, 관리와 연결된 상인들이 비싼 값에 파는 공물을 사 와야 받는 방식으로 이윤을 남긴 것이다. 이런 현상은 지방 관리나 상인들이 백성을 대신하여 공물을 내고 백성에게서 높은 대가를 받아 내는 방납(防納)으로 이어져 백성의 부담이 더욱 커졌다.

2) 대동법의 실시

방납으로 인한 문제가 커지자 광해군은 농민들의 부담을 덜어 주기 위해 대동법을 실시하였다. 대동법은 실제 특산물로 내던 공물을, 소유한 토지를 기준으로 하여 토지 1결당 쌀 12두로 납부하도록 한 방법이다. 또한 쌀 대신 옷감이나 동전으로도 납부할 수 있게 하여 관리나 상인들이 부당한 이득을 챙기는 일을 막을 수 있었고, 토지가 없거나 적게 가지고 있는 농민의 부담을 줄일 수 있었다. 대동법은 1608년에 경기 지역에서 시범적으로 시행되었고, 전국적으로 실시되기까지는 100년이라는 긴 시간이 걸렸다.

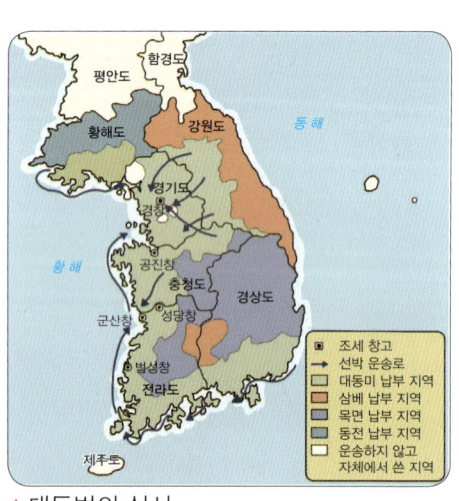

▲대동법의 실시

3) 공인의 성장

대동법 실시 후에는 나라에서 필요한 물품을 백성이 납부한 쌀·동전 등으로 직접 구매하였다. 이 과정에서 나라에 필요한 물건을 공급하는 상인인 공인(貢人)이 성장하게 되었다. 공인이 쌀·동전 등을 대가로 받고 전국을 돌아다니며 물건을 구매하여 나라에 납품하면서 조선 후기에 상업이 더욱 발전하였다.

*폐단 : 어떤 일이나 행동에서 나타나는 옳지 못한 경향이나 해로운 현상.

허준과 《동의보감》

1) 허준(1539~1615년)

양반 집안에서 서자로 태어난 허준은 어려서부터 총명해 유교 경전과 역사 등 여러 학문을 공부하였으나 신분의 한계로 잡과에만 응시할 수 있었다. 그가 어떻게 의관이 되었는지 정확하게 밝혀진 것은 없지만 허준의 뛰어난 의술을 알아본 유희춘이 이조 판서에게 허준을 추천했다고 한다. 종4품 내의원이 된 허준은 1590년 천연두에 걸려 사경을 헤매던 왕자 광해군을 과감하게 치료하여 살려 냈다. 이 일로 그는 서얼이 받을 수 있는 최고 관직을 넘어서는 정3품의 품계를 받았고, 이후 선조가 승하하기 전까지 조선 최고의 의원으로 영광을 누렸다.

▲ 허준

2) 조선 최고의 의학서 《동의보감》

선조는 임진왜란으로 인해 의학 서적이 소실되고 많은 백성이 부상과 전염병으로 고통받자 허준에게 의학 서적을 편찬할 것을 명하였다. 1596년에 허준은 우리나라와 중국의 의학서를 모아 여러 의원들과 함께 《동의보감》을 만드는 작업을 시작하였다. 그러던 중 선조가 죽자 허준은 이에 책임을 지고 유배를 떠나게 되는데, 1년 반이 넘는 유배 생활 동안 《동의보감》 저술에 집중할 수 있었다. 새로이 왕위에 오른 광해군은 허준을 다시 내의원에 복귀시키고, 1610년 허준은 《동의보감》을 완성하여 광해군에게 바친다. 《동의보감》은 주변에서 구할 수 있는 약초를 소개하고 이를 이용하여 질병을 고치는 방법을 쓴 의학서이다. 동양에서 가장 우수한 의학서 중 하나로 평가되는 《동의보감》은 중국과 일본에서도 출간되어 널리 읽혔으며, 2009년에 유네스코 세계 기록 유산으로 등재되었다.

▲ 《동의보감》

▶ 내의원 : 조선 시대의 삼의원 중 하나로, 궁중의 의약을 맡아보던 관아.
* 승하 : 임금이나 존귀한 사람이 세상을 떠남을 높여 이르던 말.

세계사 핵심 노트

셰익스피어와 30년 전쟁에 대해 정리해 보자.

⬠ 세계 문학계의 *거장, 셰익스피어 ✏️

1) 셰익스피어(1564~1616년)의 생애

역사상 가장 뛰어난 문학가 중 한 명으로 손꼽히는 윌리엄 셰익스피어는 영국 남부의 작은 마을에서 태어났다. 그는 집안 사정이 어려워져 학업을 중단하고 1580년대 후반에 런던으로 건너가 극작가 겸 단역 배우 활동을 시작하였다. 이때부터 셰익스피어는 뛰어난 글솜씨로 극단을 이끄는 유명 인사가 되었다. 당시 영국은 엘리자베스 1세의 통치 아래 식민지가 늘어나고 국력이 강해지던 시기로, 문화적으로도 유럽의 중심지가 된 때였다. 셰익스피어는 20여 년간 38편의 희곡과 2편의 시 등 다양한 작품을 발표하였다.

▲ 윌리엄 셰익스피어

하나같이 비극적으로 끝나네.

네 작품 모두 인간 내면의 선과 악을 그리고 있어.

2) 대표적인 작품 – 4대 비극

햄릿	덴마크 사람들 사이에 전해 내려오는 왕가의 전설을 소재로 하여 왕위 계승을 둘러싼 덴마크 왕실의 비극적인 이야기를 담은 작품
오셀로	무어 인 장군 오셀로가 아내 데스데모나를 의심하여 그녀를 죽이지만 후에 그것이 부관 이아고의 계략이었음을 알고 자살한다는 내용으로, 인간이 지닌 질투의 감정, 사랑과 믿음을 그려 낸 작품
리어 왕	맏딸과 둘째 딸에게 속아 효심이 깊은 셋째 딸 코델리아를 내쫓은 리어 왕이 두 딸의 배신으로 비참하게 죽는다는 내용으로, 브리튼족의 설화에서 따온 작품
맥베스	스코틀랜드의 장군 맥베스가 마녀의 예언에 속아 덩컨 왕을 죽이고 왕위에 오르지만 덩컨 왕의 아들 맬컴에게 살해된다는 내용으로, 인물 내면의 갈등을 섬세하게 다룬 작품

*거장 : 예술, 과학 등 어느 분야에서 특히 뛰어난 사람.

⬠ 또 한 번의 종교 전쟁, 30년 전쟁

1) 30년 전쟁(1618~1648년)의 배경

16세기 초 루터와 칼뱅이 일으킨 종교 개혁의 바람은 전 유럽을 바꾸어 놓았고, 아우크스부르크 화의가 체결되어 루터파는 신앙의 자유를 얻었다. 그러나 이때 칼뱅파는 아무런 권리도 얻지 못해 영주가 선택한 종파를 따라야 하는 이들의 불만이 많았다. 이로 인해 구교(로마 가톨릭교와 그리스 정교회)를 중시하는 황제와 제후들이 신교로 개종한 다수의 주민을 다스리는 상황이 되어 이들 간에 전쟁이 일어났다.

▲30년 전쟁 당시 유럽의 형세

2) 30년 전쟁의 전개와 결말

독일에서 신교와 구교는 각각 신교 연합과 가톨릭교 연맹을 결성하여 대립하였다. 1617년 가톨릭교도인 보헤미아의 왕이 종교의 자유를 보장한다던 칙령을 취소하고 구교를 강요하자 귀족들이 반란을 일으켰으나 실패하면서 신교도들이 탄압을 받기 시작하였다. 이 같은 종교적 상황에 여러 나라가 개입하면서 국제적인 전쟁으로 번졌다. 얼마 뒤 신교를 믿는 덴마크 왕이 영국과 네덜란드의 지원을 받고 독일에 침입하였으나 실패하였고, 스웨덴이 프랑스의 지원을 받고 독일에 침입하였으나 결국 패배하였다. 이후에 전쟁의 전면에 나서지 않았던 프랑스와 에스파냐가 각각 신교와 구교 편에서 적극적으로 참전하였다. 1648년 베스트팔렌 조약이 체결되어 독일 내의 가톨릭·루터파·칼뱅파가 모두 동등한 권리를 확보하면서 30년 전쟁은 막을 내렸다.

▲30년 전쟁을 일으킨 보헤미아의 페르디난트 2세

▲뤼첸 전투(1632년)
이 싸움에서 독일에 침입한 스웨덴 왕이 전사하였다.

---

* 개종 : 믿던 종교를 바꾸어 다른 종교를 믿음.
* 칙령 : 왕이 내린 명령.

2장 1624년경 ~ 1645년경

소현 세자는 왜 인조에게 미움을 받았을까?

▶ **창덕궁** : 서울시 종로구 와룡동에 있는 궁궐. 조선 태종 때에 건립되었고 왕이 정치를 하며 늘 머물던 곳. 사적 제122호.

▶ **인조반정** : 1623년에 이귀·김유 등 서인이 광해군 및 집권파인 대북파를 몰아내고 능양군인 인조를 즉위시킨 정변.

▶ 이괄(1587~1624년) : 조선 인조 때의 무신. 인조반정에 공을 세웠는데, 평안 병사로 관직이 떨어지자 난을 일으킴.

▶ 흥안군(알 수 없음~1624년) : 조선 선조의 열째 아들. 이괄의 추대로 왕이 되었으나 이괄의 반란이 실패하여 살해되었음.

* **제압** : 위력이나 위엄으로 세력이나 기세 따위를 억눌러서 통제함.
* **환궁** : 임금이나 왕비, 왕자 등이 대궐로 돌아옴.

당시 후금의 황제는 누구였을까?

인조는 명나라를 받들고 후금을 멀리하여 후금과의 관계가 악화되었다. 이 당시에는 후금의 1대 황제인 누르하치가 죽고 그의 아들 홍타이지가 후금의 2대 황제가 되었는데, 그는 조선 정벌에 적극적이었다. 홍타이지는 후금의 국호를 청으로 바꾸고 조선과 몽골 등 여러 나라를 공격하였다.

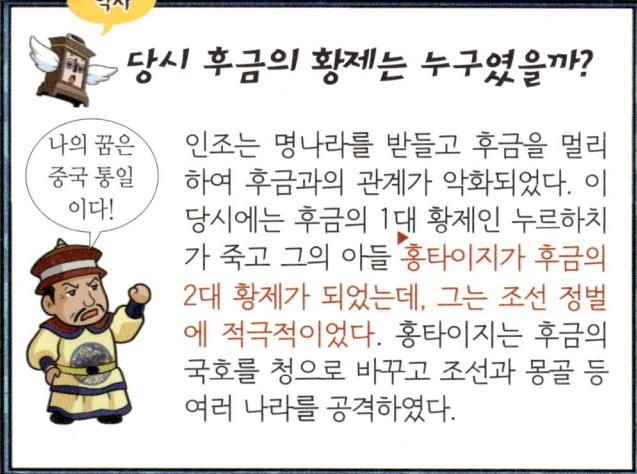

▶ **홍타이지(재위 1626~1643년)** : 중국 청나라의 2대 황제. 태조 누르하치의 여덟째 아들로, 몽골 등을 복종시키고 나라의 기틀을 세웠음.

▶ 파천 : 임금이 도성을 떠나 다른 곳으로 피란하던 일.
▶ 분조 : 임진왜란 때 선조가 있는 조정과 별도로 임시로 설치한 조정.

▶ 강홍립(1560~1627년) : 조선 광해군 때의 무신. 1619년 후금의 포로가 되었고, 정묘호란 때 후금의 사신으로 강화도에 와서 전쟁을 끝내려 노력하였음.

*배후 : 어떤 대상의 뒤쪽.
*화친 : 나라와 나라 사이에 다툼 없이 가까이 지냄.

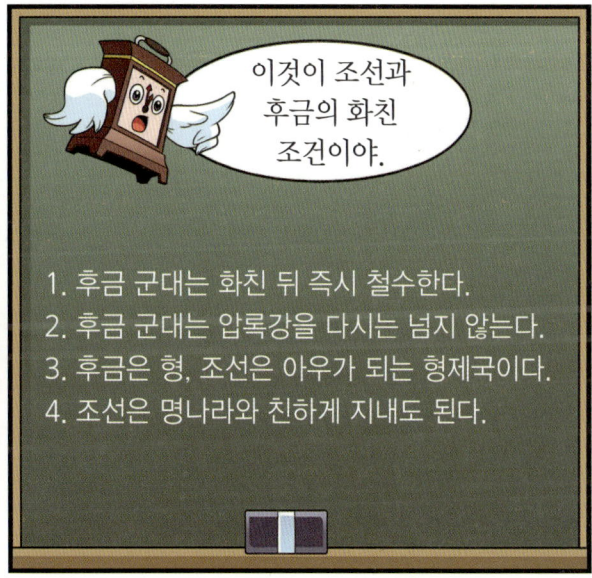

▶ 최명길(1586~1647년) : 조선 중기의 문신. 병자호란 때에 화친을 주장하고 항복 문서를 써서 청나라에 항복하였음. 성리학과 문장에 뛰어났음.

* 철수 : 진출하였던 곳에서 시설이나 장비 따위를 거두어 가지고 물러남.
* 약탈 : 폭력을 써서 남의 것을 억지로 빼앗음.

▶ **청나라** : 1616~1912년. 중국의 마지막 왕조. 후금을 세운 누르하치의 아들 홍타이지가 국호를 청나라로 바꾸었음.

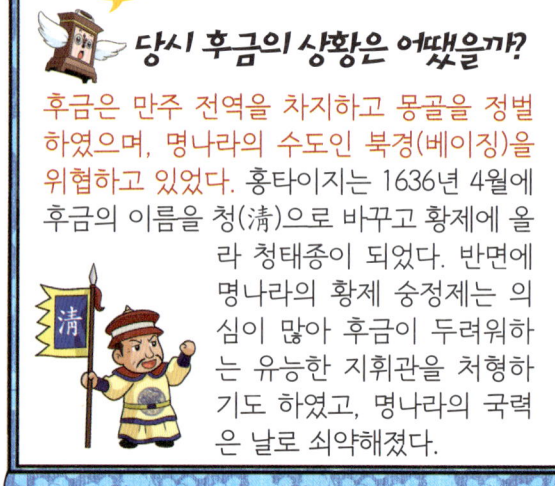

당시 후금의 상황은 어땠을까?

후금은 만주 전역을 차지하고 몽골을 정벌하였으며, 명나라의 수도인 북경(베이징)을 위협하고 있었다. 홍타이지는 1636년 4월에 후금의 이름을 청(淸)으로 바꾸고 황제에 올라 청태종이 되었다. 반면에 명나라의 황제 숭정제는 의심이 많아 후금이 두려워하는 유능한 지휘관을 처형하기도 하였고, 명나라의 국력은 날로 쇠약해졌다.

* 굴복 : 힘이 모자라서 복종함.
* 문책 : 잘못을 캐묻고 꾸짖음.

▶ 임경업(1594~1646년) : 조선 인조 때의 명장. 이괄의 난에 공을 세우고, 병자호란 때 중국 명나라와 합세하여 청나라를 치고자 했으나 뜻을 이루지 못하였음.

▶ **봉림 대군(1619~1659년)** : 조선 인조의 둘째 아들. 훗날 조선의 17대 왕 효종이 됨.
▶ **인평 대군(1622~1658년)** : 조선 인조의 셋째 아들.

* 길목 : 중요한 통로가 되는 길.
▶ 남한산성 : 경기도 광주시 중부면 산성리 남한산에 있는 산성.

▶ **팔도** : 조선 시대에, 전국을 여덟 개로 나눈 행정 구역. 강원도, 경기도, 경상도, 전라도, 충청도, 평안도, 함경도, 황해도를 이름.

* 포위 : 주위를 에워쌈.
* 지원군 : 지지하여 돕기 위하여 출동한 군대.

* **기습** : 적이 생각지 않았던 때에, 갑자기 들이쳐 공격함.
* **전멸** : 모조리 죽거나 망하거나 하여 없어짐.

* 항복 : 적이나 상대편의 힘에 눌리어 굴복함.
* 아사 : 굶어 죽음.

▲ 병자호란 때 청나라 군대의 침공 방향

* **노략질** : 떼를 지어 돌아다니며 사람을 해치거나 재물을 강제로 빼앗는 짓.
* **대책** : 어떤 일에 대처할 계획이나 수단.

*요구 : 받아야 할 것을 필요에 의하여 달라고 청함.
*오랑캐 : 예전에, 두만강 일대의 만주 지방에 살던 여진족을 업신여겨 이르던 말.

 청나라가 요구한 철수 조건은 무엇일까?

청나라는 조선이 명나라와의 관계를 끊고, 조선 왕의 첫째·둘째 아들과 여러 대신의 아들을 청나라에 인질로 보낼 것을 요구했다. 또한, 조선은 청나라를 섬기고 공물을 바쳐야 하며, 청나라가 명나라를 공격할 때 군사를 지원하기로 했다. 그리고 성이나 성벽을 새로 쌓거나 고치지 않기로 했다. 청나라는 조선의 왕에게 뜻하지 않은 일이 발생하면 인질로 삼은 왕자를 왕으로 세우겠다고 하였다. 이 외에도 청나라에 온 조선의 포로가 조선으로 도망치면 조선은 그들을 체포하여 다시 청나라로 보내야 하는 등 굴욕적인 조건들이 많았다.

＊**포로** : 사로잡은 적.
＊**원통** : 분하고 억울함.

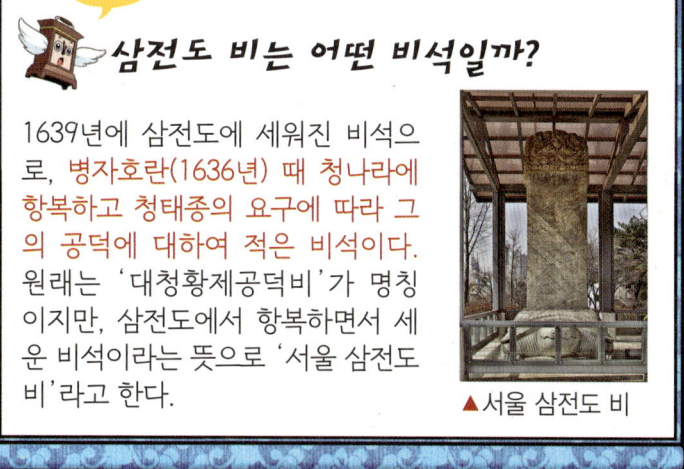

삼전도 비는 어떤 비석일까?

1639년에 삼전도에 세워진 비석으로, **병자호란(1636년) 때 청나라에 항복하고 청태종의 요구에 따라 그의 공덕에 대하여 적은 비석이다.** 원래는 '대청황제공덕비'가 명칭이지만, 삼전도에서 항복하면서 세운 비석이라는 뜻으로 '서울 삼전도 비'라고 한다.

▲ 서울 삼전도 비

*삼전도 : 서울특별시 송파구 송파동에 있던 나루. 조선 시대에, 서울과 남한산성을 이어 주던 나루였음.

▶소현 세자(1612~1645년) : 조선 인조의 맏아들. 병자호란 때 청나라에 볼모로 잡혀갔다가 서양 서적과 지구의, 천주상 따위를 가지고 돌아왔음.

* **범죄** : 법규를 어기고 저지른 잘못.
* **기록** : 주로 후일에 남길 목적으로 어떤 사실을 적음.

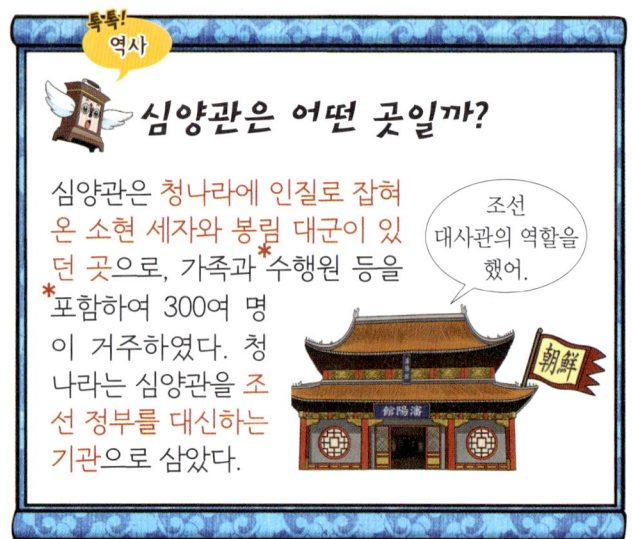

* **수행원** : 높은 지위의 사람을 따라다니면서 그를 돕거나 신변을 보호하는 사람.
* **포함** : 어떤 사물이나 현상 가운데 함께 들어 있거나 함께 넣음.

▶ 용골대(알 수 없음) : 중국 청나라의 장군. 1636년(인조 14년)에 사신으로 와서, 청나라와 군신 관계를 맺을 것을 요구하였으나 거절당함.

* **대변** : 어떤 사람이나 단체를 대신하여 그의 의견이나 태도를 표함.
* **치욕** : 수치와 모욕을 아울러 이르는 말.

* 실리 : 실제로 얻는 이익.
* 전념 : 오직 한 가지 일에만 마음을 씀.

*국정 : 나라의 정치.
*누명 : 사실이 아닌 일로 이름을 더럽히는 억울한 평판.

명나라는 어떻게 멸망했을까?

명나라는 청나라의 위협을 받고 있었고 내부 곳곳의 반란을 진압하느라 국력이 약해져 있었다. 그러다 이자성이 이끄는 반란군이 1644년에 명나라의 수도인 북경을 점령하였다. 명나라의 마지막 황제 숭정제는 스스로 목숨을 끊었고, 남은 세력들은 청나라에 항복하였다.

▶ 숭정제(재위 1627~1644년) : 중국 명나라의 마지막 황제. 정치 개혁을 시도하였으나 실패하였음.

*천문서 : 우주와 우주에 존재하는 모든 물체에 대한 현상과 법칙에 대한 책.
*역법 : 천체의 현상을 기준으로 하여 날짜를 정하는 방법.

아담 샬 신부는 어떤 사람이었을까?

아담 샬 신부의 원래 이름은 샬 폰벨(Schall von Bell)로, 1591년에 태어난 독일 출신의 예수회 신부였다. 1622년에 중국 명나라에 건너가 선교 활동을 하였다. 천문과 역법에 밝아 월식을 예측하여 명성을 얻었고, 서양 천문학 서적을 번역하여 명나라 황제에게 바치기도 하였다. 또한 총과 대포를 만드는 법을 전파하였다. 아담 샬 신부는 명나라가 멸망하고 청나라가 들어선 뒤에도 능력을 인정받아 북경에 머물렀다. 그는 북경에 온 소현 세자와 친하게 지내며 천문 서적과 과학 서적,*천구의 등의 서양 문물을 소개하였다. 후에 기독교*배척 운동이 일어나 1666년에 감옥에서 생을 마감하였다.

▲아담 샬

* **천구의** : 별과 별자리를 하늘 위에 놓여 있는 것처럼 표시한 둥근 천체의 모형.
* **배척** : 따돌리거나 거부하여 밀어 내침.

* **차지** : 사물이나 공간, 지위 따위를 자기 몫으로 가짐.
* **인질** : 약속 이행을 조건으로 잡아 두는 사람.

* 문물 : 문화에 관한 모든 것을 통틀어 이르는 말.
* 벼루 : 먹을 가는 데 쓰는 도구.

* **한통속** : 서로 마음이 통하여 같이 모인 동아리.
* **매정하다** : 얄미울 정도로 쌀쌀맞고 인정이 없다.

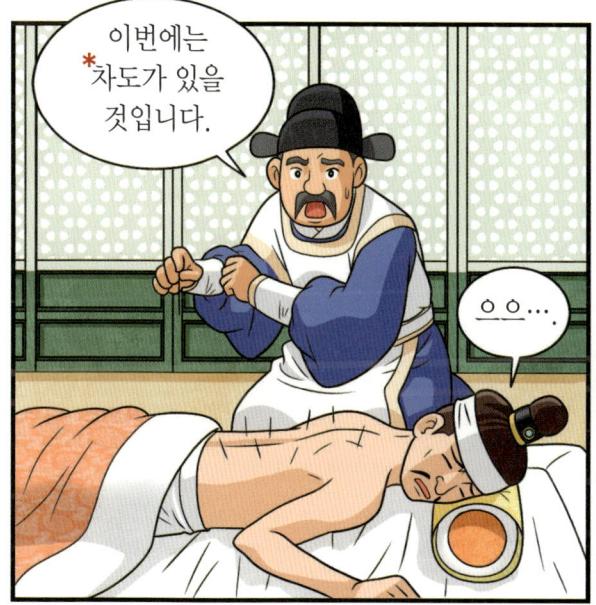

* 차도 : 병이 조금씩 나아가는 정도.
* 상심 : 슬픔이나 걱정 따위로 속을 썩임.

84 ▶[85쪽] 어의 : 궁궐 내에서, 임금이나 왕족의 병을 치료하던 의원.
　＊[85쪽] 문책 : 잘못을 캐묻고 꾸짖음.

똑똑! 역사

소현 세자는 어떻게 죽었을까?

소현 세자는 조선으로 돌아온 뒤 두 달 만에 병을 얻어 침을 맞았다. 하지만 병세는 더욱 나빠져 1645년 4월 26일에 세상을 떠났다. 〈인조실록〉에 따르면 세자의 몸이 전부 검은빛이었고 *이목구비의 일곱 구멍에서 피가 흘러나와 약물에 중독되어 죽은 사람과 같았다고 한다.

* 간소하다 : 간단하고 소박하다.
* 이목구비 : 귀・눈・입・코를 아울러 이르는 말.

* 비정 : 사람으로서의 따뜻한 정이나 인간미가 없음.
* 접하다 : 호기심을 가지고 가까이 대하다.

* 발전 : 더 낫고 좋은 상태나 더 높은 단계로 나아감.
* 요란 : 시끄럽고 떠들썩함.

한국사 핵심 노트

> 17세기에 일어난 정묘호란과 병자호란에 대해 정리해 보자.

◆ 정묘호란과 병자호란

1) 여진의 성장

여진은 중국*변방에 사는 민족으로, 중국의 분열 정책으로 인해 오랜 세월 동안 하나로 통합되지 못하였고 중국으로부터 오랑캐 취급을 받았다. 그러나 임진왜란으로 명나라와 조선의 힘이 약화된 틈을 타 점차 세력을 확장하기 시작하였다. 당시 여진은 사는 지역에 따라 크게 건주·해서·야인 여진으로 구분되었는데, 이 중 건주 여진의 족장 ==누르하치가 여러 부족을 통합하고 1616년 후금을 건국==한 뒤 명나라와 충돌하게 되었다.

▲누르하치

2) 광해군의 중립 외교

명나라는 후금과의 전쟁에 조선의 파병을 요청하였다. 임진왜란 때 명나라의 도움을 받은 조선에서는 명나라의 요구에 따를 것을 주장하는 이들이 많았으나, ==광해군은 이미 쇠약해진 명나라와 강성해진 후금 사이에서 신중한 중립 외교 정책을 펼쳤다.== 광해군의 명을 받고 출병한 강홍립은 명나라가 전쟁에서 패하고 *수세에 몰리자 후금에 항복하고 어쩔 수 없이 출병했음을 해명하였다. 이처럼 조선은 광해군의 중립 외교 정책으로 전쟁을 피할 수 있었다.

3) 인조의 친명배금 정책

인조반정으로 광해군이 쫓겨나고 인조가 즉위하면서 외교 정책이 크게 변화하였다. ==인조와 서인 세력은 후금과의 관계를 끊고 명나라를 지원하는 등의 친명배금 정책을 추진하였다.== 후금은 명나라와 조선 양쪽으로부터 위협을 받게 되었고, 경제 교류까지 막히게 되었다. 결국 후금은 무력을 이용해 위기를 극복하고자 하였다.

---

*변방: 나라의 경계가 되는 변두리의 땅.
*수세: 적의 공격을 맞아 지키는 형세나 그 세력.

4) 정묘호란(1627년)

인조반정 직후 조선에서는 이괄의 난이 일어났고, 난은 진압되었지만 남은 반란 세력이 후금으로 넘어가 광해군이 억울하게 왕위에서 쫓겨났음을 호소하며 전쟁을 부추겼다. 이를 계기로 후금은 광해군을 위해 보복한다는 명분으로 조선을 침략하였다. 후금은 압록강을 건너 평양까지 내려왔고 인조는 강화도로 피란하였다. 이때 정봉수·이립 등을 비롯한 의병이 전국 각지에서 일어나 후금군에 맞서 싸웠다. 후금 역시 더 이상 남쪽으로 내려오지 않고 조선과 형제의 나라로 지내자는 약속을 하고 돌아갔다.

▲ 정묘호란과 병자호란의 전개

5) 병자호란(1636년)의 발발

조선은 한 수 아래로 여겼던 후금과 형제 관계를 맺어 자존심에 상처를 입었을 뿐 아니라 전쟁 후 엄청난 액수의 물자를 요구하는 후금에 더욱 큰 반감을 가지게 되었다. 정묘호란 후에도 조선이 계속해서 명나라와의 관계를 유지하면서 후금에 적대적인 태도를 보이자 세력을 더욱 키운 후금은 국호를 '청(淸)'으로 바꾸고 다시 조선을 침략하였다. 1636년 12월, 청태종(홍타이지)은 12만 명에 이르는 군대를 직접 이끌고 엄청난 속도로 진군하여 2주 만에 평양에 도착하였다.

6) 삼전도의 굴욕

인조는 강화도로 피하려 하였으나, 정묘호란을 통해 왕이 피란 갈 곳을 알고 있던 청나라 군사가 이미 강화도로 가는 길을 차단하였기에 남한산성으로 들어갈 수밖에 없었다. 남한산성은 곧 청나라 군대에게 포위되었고 인조는 이곳에서 47일 동안 항전하였다. 그러나 식량이 부족하고 얼어 죽는 사람이 생기는 등 성안의 상황은 비참하고 끔찍했다. 결국 조정의 여론이 화의를 맺는 쪽으로 기울었고 1637년 1월 30일, 인조는 세자와 신하 수십 명을 이끌고 남한산성을 나와 삼전도에서 청태종 앞에 삼궤구고두를 하며 굴욕적인 항복을 했다. 그리고 조선과 청나라는 신하와 임금의 관계를 맺었다.

▶ 삼궤구고두 : 무릎을 꿇고 세 번 절하고 아홉 번 머리를 조아림.

세계사 핵심 노트

청나라에서 인질로 지낸 소현 세자의 생활을 살펴보자.

⬠ 소현 세자의 청(淸)나라 생활

1) 소현 세자(1612~1645년)

소현 세자는 인조의 맏아들로, 병자호란이 일어나자 인조와 함께 남한산성으로 피신했다가 인조가 항복한 후 세자빈과 함께 인질이 되어 청나라의 수도 선양(성경)으로 끌려갔다. 그 뒤 소현 세자는 인조의 병문안을 위해 두 차례 귀국했을 때를 제외하고 9년 가까이 청나라에 잡혀 있었다. 1644년에 청나라가 명나라의 수도인 베이징을 점령하고 명나라의 마지막 황제 숭정제가 자살하자 더 이상 청나라는 조선의 왕세자를 인질로 둘 이유가 없어졌다. 소현 세자는 1645년 음력 2월에야 조선으로 돌아올 수 있었다.

2) 청나라에서 소현 세자의 활동

소현 세자가 선양에 도착한 것은 1637년 4월이었다. 소현 세자와 봉림 대군, 왕실 가족을 비롯한 300여 명은 새로 건축한 심양관(심양관소)에서 생활했다. 심양관은 조선과 청나라 사이의 대사관 같은 기능을 했고, 그곳에서 소현 세자는 외교 창구 역할을 했다. 소현 세자는 조선과 청나라의 원만한 관계를 위해 청나라 황제의 행사나 사냥 등에 참여하며 고위 인사들과 우호적인 관계를 만들어 나갔다. 이러한 외교에 필요한 자금을 마련하기 위해 청나라와 무역을 하거나 토지를 경작하여 재물을 모았으며, 이를 바탕으로 조선인 포로를 구출하기도 하였다. 세자빈 강씨는 영리하고 사업 수완이 좋아 경제적인 문제는 세자빈 강씨가, 외교적인 문제는 소현 세자가 주도하였다. 심양관 생활 초기에는 감시와 제한이 많았으나, 청나라는 점차 세자를 각별하게 대하였다.

▲ 선양의 고궁
후금의 황제 누르하치와 홍타이지의 황궁으로, 3대 황제 때 베이징으로 수도를 옮기기 전까지 사용하였다. 2004년에 유네스코 세계 문화유산으로 등재되었으며, 현재는 선양 고궁 박물관으로 이용되고 있다.

3) 아담 샬(Adam Schall, 1591~1666년)과의 만남

소현 세자는 조선으로 돌아오기 직전 베이징에 머물렀는데, 그곳에서 독일의 예수회 선교사이자 천문학자인 아담 샬(샬 폰벨)을 만났다. 아담 샬은 역대 중국에서 외국인으로서 가장 고위직까지 올라간 인물로, 황제 순치제의 신임을 받아 천문 관측을 담당하는 책임자로 일하고 있었다. 소현 세자는 아담 샬과 교류하면서 학문과 종교에 대해 많은 것을 배웠다. 아담 샬도 소현 세자와의 만남을 소중하게 여겨 서양의 천문학을 알려 주고 각종 천주교 서적과 지구의·천주상 등을 선물로 주었다. 소현 세자는 조선으로 돌아가면 서양 과학 서적을 간행하겠다고 약속하였고, 아담 샬 역시 조선에 천주교를 선교할 수 있다는 희망을 가졌다. 소현 세자는 천주교 신자인 청나라 환관을 데리고 귀국하였다.

▲ 아담 샬

▲ 당시의 지구의

4) 소현 세자의 귀국과 죽음

병자호란 이후 조선은 오히려 친명배청 의식이 강화되어 청나라와 자주 외교적 마찰을 빚었다. 그러나 서양의 발달된 문물을 받아들여 발전하는 청나라를 지켜본 소현 세자의 생각은 달랐다. 인조는 오랜 인질 생활을 마치고 귀국한 소현 세자를 반기지 않았고, 소현 세자가 가져온 청나라 물건에 몹시 불쾌해했다. 소현 세자는 인조와의 갈등 속에서 귀국한 지 두 달 만에 병으로 갑작스럽게 사망하였다.

▲ 소현 세자와 인조의 갈등
인조는 청나라의 신임을 받는 소현 세자를 못마땅하게 여겼다.

3장 1649년경~1674년경

효종과 송시열은 왜 북벌 계획을 세웠을까?

▶ **효종(재위 1649~1659년)**: 조선의 17대 왕. 인조의 둘째 아들로, 북벌 계획을 세우고 송시열, 이완 등을 신하로 삼았으나 뜻을 이루지 못하였음.

*[92쪽] 실리 : 실제로 얻는 이익.
* 서고 : 책을 보관하는 집이나 방.

톡톡! 역사

산림(山 메 산, 林 수풀 림)은 어떤 사람들일까?

산림은 과거를 보지 않고 시골에 *은거하였으나 학식과 덕이 높아 국가의 부름을 받은 학자들을 말한다. 산림은 유교 사회의 상징적인 존재로서 특별한 대우를 받았으며, 특히 17세기에 큰 역할을 했다. 대표적인 산림으로는 김장생, 송시열, 윤휴 등이 있다.

예(禮)가 학문의 으뜸이다!

*은거 : 세상을 피하여 숨어서 삶.
▶북벌 계획 : 조선 효종 때 청나라를 무력으로 치기 위한 계획.

*볼모 : 예전에, 나라 사이에 약속을 실행하는 조건으로 상대국에 잡아 두던 왕자나 그 밖의 세력이 있는 사람.

▶송시열(1607~1689년) : 조선 중기의 문신·학자. 노론의 우두머리로서 예절에 관한 논쟁으로 남인과 대립하였고, 1689년(숙종 15년)에 원자를 봉하는 것에 반대하다가 죽었음.

* 의리 : 사람으로서 마땅히 지켜야 할 도리.
* 노모 : 늙은 어머니.

▶ **김자점(1588~1651년)** : 조선 중기의 문신. 인조반정 때에 공을 세워 영의정까지 올랐으며, 효종이 즉위한 후 산림의 요청으로 관직에서 물러났음.

* [98쪽] 친청파 : 청나라와 친한 무리.
* 파직 : 관직에서 물러나게 함.

100 *삼전도 : 서울시 송파구 송파동에 있던 나루. 조선의 인조가 병자호란 때 이곳에서 청나라 태종에게 항복하였음.

* **고자질** : 남의 잘못이나 비밀을 일러바치는 짓.
* **치욕** : 수치와 모욕을 아울러 이르는 말.

102 *심문 : 자세히 따져서 물음.
*모함 : 나쁜 꾀로 남을 어려운 처지에 빠지게 함.

* **실토** : 거짓 없이 사실대로 다 말함.
* **모의** : 두 사람 이상이 함께 범죄를 계획하고 그 실행 방법을 의논함.

▶숭선군(알 수 없음~1690년) : 조선 인조의 다섯째 아들로, 어머니는 조 귀인. 1646년에 숭선군에 봉해짐. 1651년(효종 2년)에 김자점의 역모 사건이 일어나 강화도에 유배됨.

톡톡! 역사

어영청은 어떤 곳일까?

어영청은 **조선 후기에 설치된 오군영 중 왕을 호위하던 군영**이다. 1623년의 인조반정으로 국내가 어수선하고 후금과의 관계가 나빠지자 전쟁에 대비하여 설치되었다. 효종은 북벌 계획 중 하나로 어영청의 군사를 크게 늘렸다. 어영청의 군사인 어영군은 수도 방어를 맡은 훈련도감과 함께 중앙군의 핵심이 되었다.

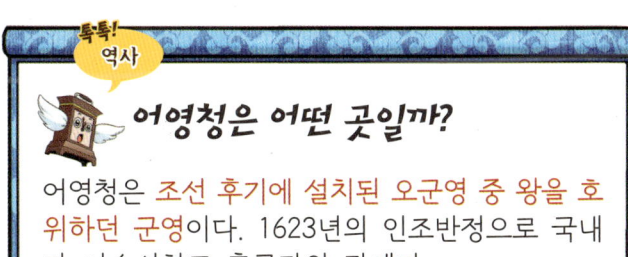

어영청은 갑오개혁 때 폐지되었어.

▶ **이완(1602~1674년)** : 조선 중기의 무신. 병조 판서와 우의정을 지냈으며 병자호란 때에 공을 세웠음. 1653년(효종 4년)에 북벌 임무를 맡았으나 효종의 죽음으로 이루지 못하였음.

106
* **명중** : 화살이나 총알 따위가 겨냥한 곳에 바로 맞음.
* **나약** : 의지가 굳세지 못함.

* 배치 : 사람이나 물자 따위를 일정한 자리에 알맞게 나누어 둠.
* 비축 : 만약의 경우를 대비하여 미리 갖추어 모아 두거나 저축함.

▶ **나선 정벌** : 효종 때 조선이 청나라를 도와 러시아를 친 싸움.
* **조총** : 화약을 이용해 탄알을 발사하는 총을 달리 이르는 말.

청나라는 왜 조선의 조총 군사를 요청했을까?

러시아와 중국은 국경 사이에서 풍부한 자원을 차지하려고 서로 맞섰다. 청나라는 군대를 동원하여 러시아 인들의 국경 *진입을 막았지만, 총으로 *무장한 러시아 인들은 청나라 군대를 물리치고 영토를 점차 넓혀 갔다. 청나라는 러시아 인들을 물리치기 위하여 조총을 사용하는 조선군의 힘을 빌리려고 하였다.

* **진입** : 향하여 내처 들어감.
* **무장** : 전투에 필요한 장비를 갖춤.

▶하멜(알 수 없음~1692년) : 네덜란드의 선원. 배를 타고 일본으로 가다가 폭풍을 만나 1653년에 우리나라에 들어와 14년 동안 머무르다가 귀국하였음.

박연은 조선에서 무엇을 했을까?

박연의 본명은 벨테브레이로, 네덜란드의 선원이다. 1628년에 배를 타고 일본 나가사키로 가던 도중 풍랑을 만나 제주도 해안까지 밀려왔다. 다른 선원 2명과 함께 물을 구하기 위해 제주도에 상륙했다가 관원에게 붙잡혀 한성으로 보내졌다. 박연은 훈련도감에서 총과 홍이포 만드는 법과 조작법을 조선군에게 가르쳤고, 병자호란 때 전쟁에 참가하여 조선을 도왔다. 그는 이름을 벨테브레이에서 박연으로 바꾸고 조선에 귀화한 뒤 조선인과 결혼하여 1남 1녀를 낳았다. 박연은 큰 키에 노란 머리, 푸른 눈을 지녔다고 한다.

▲ 홍이포

홍이포는 '붉은 머리 오랑캐의 포'라는 뜻이야.

효종은 군사만 키웠어?

북벌을 하려면 군사력이 중요하잖아.

물론 다른 일도 많이 하셨지.

효종의 다른 모습을 보러 가자!

1658년

전하, 이제 전라도에서 대동법을 시행해도 될 것 같습니다.

그렇소?

▶ **홍이포** : 명나라 말기에 사용한 대포. 조선에는 병자호란 때 청나라 군대가 사용하면서 처음 들어왔음. 서양의 대포라고 하여 '붉은 머리 오랑캐의 포'라는 뜻의 홍이포라는 이름이 붙음.

▶암행어사 : 조선 시대에, 임금의 특명을 받아 지방관이 해당 지역을 잘 다스리고 있는지 알아보고 백성의 어려움을 살펴서 개선하는 일을 맡아 하던 임시 벼슬.

*골머리를 앓다 : 어떻게 하여야 할지 몰라서 머리가 아플 정도로 생각에 몰두하다.
*군비 : 군사상의 목적에 사용되는 모든 경비.

*양성 : 가르쳐서 유능한 사람을 길러 냄.
*추상적 : 사실이나 현실에서 멀어져 어렴풋하고 일반적인 것.

*검약 : 돈이나 물건, 자원 따위를 낭비하지 않고 아껴 씀.
*악화 : 병의 상태가 나빠짐.

*관직 : 공무원 또는 관리가 국가로부터 책임지고 맡은 직책.
▶상소문 : 임금에게 올리던 글.

1차 예송 논쟁이란 무엇일까?

1659년 효종의 장례 때 효종의 어머니인 자의 대비의 상복 입는 기간을 두고 일어난 논쟁이다. 서인은 효종이 둘째 아들이기 때문에 대비가 1년 동안 상복을 입어야 한다고 주장하였고, 남인은 효종이 왕이므로 첫째 아들의 장례 때와 같이 대비가 3년 동안 상복을 입어야 한다고 주장했다. 다음 왕위에 오른 현종은 서인의 주장을 받아들였고, 서인은 정권을 유지할 수 있었다.

▶ 대비 : 이전 임금의 아내이자 현재 임금의 어머니.
* 예송 : 예절에 관한 논란.

▶ 현종(재위 1659~1674년) : 조선 효종의 맏아들로, 효종이 봉림 대군이던 시절 청나라의 볼모로 심양관에 있을 때 태어났음. 재위 기간 동안 예절에 대한 정치적 논쟁이 끊이지 않았음.

▶[118쪽] 종묘 : 조선 시대에, 대대로 이어온 임금과 왕비의 위패를 모시던 왕실의 사당.
＊[118쪽] 위패 : 죽은 사람의 이름을 적은 나무패.

한국사 핵심 노트

17세기 효종의 북벌 운동에 대해 살펴보자.

⬟ 북벌 운동

1) 북벌 운동의 배경

소현 세자는 귀국 후 청나라 세력을 두려워한 인조의 외면 속에 갑작스레 죽고 말았다. 한편 소현 세자와 함께 청나라에 머물면서 인질 생활을 한 동생 봉림 대군은 몽골·산해관 등 여러 전쟁터로 끌려다니며 갖은 고생을 하고 명나라가 멸망하는 것을 목격하였다. 이에 청나라에 대한 *적개심이 매우 컸고 병자호란에서의 패배에 대해 복수를 하려는 북벌 운동을 계획하였다. 북벌 운동은 소현 세자가 죽고 봉림 대군이 인조의 뒤를 이어 왕위에 오르면서 더욱 구체적으로 추진되었다.

이제까지 얕잡아 보았던 청나라가 서양의 문물을 받아들여 발전하는 모습을 본 이상 우리도 청나라의 앞선 문물을 받아들여야 한다.

소현 세자

오랑캐에게 항복을 하는 일은 있을 수 없다! 지난날 청나라에게 받은 치욕을 반드시 갚아 주리라.

효종(봉림 대군)

2) 북벌 운동의 추진

효종(봉림 대군)은 즉위 직후부터 친청파인 김자점 등을 파직하고 김상헌·송시열·송준길 등 반청파를 중요 자리에 앉혀 북벌 계획을 세웠다. 훈련도감의 예산을 늘리고 어영청을 대폭 개편하였으며, 이완 등의 장군과 함께 북벌을 위한 준비를 계속해 나갔다. 그리고 이 무렵 표류해 온 네덜란드 인 하멜로 하여금 조총·화포 등의 무기를 개량하게 하고 성을 정비하는 한편 군사력을 강화하는 데 힘썼다.

3) 북벌 운동의 한계

효종이 북벌 운동을 추진하는 동안 북인과 서인의 대립이 이어져 실질적으로 청나라와 싸움을 벌일 여건이 되지 않았다. 게다가 국력이 더욱 강해진 청나라의 감시가 심해지고, 북벌을 준비하는 비용이 점점 늘어나면서 이에 반발하는 세력이 생겨나 북벌을 실행하는 데에는 어려움이 많았다. 1659년 효종이 갑작스럽게 죽자 북벌 계획은 무산되고 말았다.

*적개심 : 적과 싸우고자 하는 마음. 또는 적에 대하여 느끼는 분노와 증오.

예절에 관한 논란, 예송

1) 1차 예송

현종 때에 왕실 의례와 관련하여 두 차례의 예송(禮訟) 논쟁이 일어났다. 인조는 40대 중반에 새 왕비(장렬 왕후)를 맞아들였는데, 당시 왕비의 나이는 15세로 아들인 봉림 대군보다 다섯 살이나 어렸다. 1659년에 인조의 둘째 아들로서 왕위에 오른 효종이 승하하자, 어머니인 장렬 왕후(자의 대비)가 상복을 얼마 동안 입어야 하는지를 놓고 서인과 남인 사이에 치열한 논쟁이 벌어졌다. 둘째 아들이 왕위에 올랐다가 죽었을 때 부모가 아직 살아 있는 경우, 부모가 상복을 얼마 동안 입어야 하는지 명확하게 정해진 사항이 없었기 때문이다. 〈주자가례〉에는 첫째 아들이 죽었을 때는 부모가 3년 동안 상복을 입고, 나머지 아들이 죽었을 때는 부모가 1년 동안 상복을 입게 되어 있다. 송시열 등 서인은 효종이 왕위를 계승하였지만 둘째 아들이므로 1년 동안 상복을 입어야 한다고 주장하였고, 허목과 윤휴 등 남인은 효종이 둘째 아들이지만 왕위에 올랐으므로 첫째 아들의 경우와 같이 3년 동안 상복을 입어야 한다고 주장하였다. 결국 서인의 주장에 따라 자의 대비가 1년간 상복을 입는 것으로 정해졌다.

2) 2차 예송

1674년 효종의 비(인선 왕후)가 죽었을 때 역시 자의 대비가 상복을 얼마 동안 입어야 하는지를 놓고 논쟁이 벌어졌는데, 이때에는 당시 집권층인 남인의 주장을 받아들여 1년으로 정하였다. 이러한 논쟁은 각 붕당의 학풍에 따라 왕권을 바라보는 관점의 차이를 보여 주는 사건이었다. 즉, 효종을 왕이기 전에 둘째 아들로 보는 서인은 왕을 일반 사대부와 똑같이 놓으려는 의도로, 신하의 권리를 강화하고자 하는 입장이었다. 반면, 효종이 둘째 아들이라 해도 왕위를 이었으므로 맏아들의 예를 따라야 한다는 남인은 왕을 일반 사대부와 다르게 보아 왕권 강화를 꾀하려는 입장이었던 것이다.

▲1차 예송　　　　▲2차 예송

▶ 선왕 : 선대의 임금.

세계사 핵심 노트

17세기에 조선에 온 서양인을 살펴보자.

⬠ 조선에 온 이방인

1) 벨테브레이(Jan Janes Weltevree, 1595~알 수 없음)

　벨테브레이는 네덜란드 인으로, 동아시아로 건너온 홀란디아 호의 선원이었다. 1627년 홀란디아 호는 일본으로 향하던 중 험한 풍랑을 만나 표류하다가 마실 물을 구하기 위해 제주도에 상륙하였다. 이때 벨테브레이는 제주도의 관리에게 잡혀 한성으로 보내졌다. 벨테브레이는 훈련도감에서 전술을 가르치고 총포를 만드는 일을 하였고, 1636년에 병자호란이 일어나자 훈련도감 부대와 함께 출전하여 싸웠다. 조선에 *귀화하여 '박연(朴淵)'이라는 이름을 얻은 벨테브레이는 조선인과 결혼해 두 아이를 낳고 살았으며, 1653년 하멜이 제주도에 표류하자 제주도로 내려가 통역을 하며 3년간 함께 생활하기도 하였다. 벨테브레이는 겨울에 솜옷을 입지 않아도 될 정도로 튼튼했고, 아시아의 여러 나라를 돌아본 경험을 자주 이야기했다고 전해진다.

▲ 벨테브레이 동상
벨테브레이의 출생지인 네덜란드 리프 시에 설치되어 있다.

1604년 네덜란드와의 전쟁에서 홍이포의 파괴력에 놀란 명나라가 홍이포를 수입하여 비슷하게 제작하였어.

▲ 홍이포(복원품)
벨테브레이는 훈련도감에서 홍이포의 제작법과 조작 방법을 조선군에 알려 주었다.

*귀화 : 다른 나라의 국적을 얻어 그 나라의 국민이 되는 일.

2) 하멜(Hendrik Hamel, 1630~1692년)

① 스페르웨르 호의 표류

하멜은 대포를 다루는 포수로서 네덜란드 동인도 회사에 들어가 바타비아(지금의 자카르타)로 건너갔다. 1653년 하멜은 동인도 회사 소속의 상선 스페르웨르 호를 타고 일본 나가사키로 가던 도중 태풍을 만나 배가 난파되어 표류하다가 제주도에 도착하였다. 제주도 관리였던 이원진은 낯선 서양인의 등장에 놀라 하멜 일행을 감금하였는데, 당시 조선에 귀화했던 박연의 통역을 통해 하멜 일행의 소속과 정체를 파악할 수 있었다.

② 탈출을 시도한 하멜

하멜 일행은 제주도에서 탈출하려 하였지만 실패하였고, 10개월 동안 감금되었다가 한성으로 불려 와 심문을 받았다. 하멜은 당시 왕이었던 효종을 만나 일본으로 보내 줄 것을 요구하였으나 거절당하였다. 효종은 하멜이 포수라는 점을 눈여겨보고 북벌을 준비하는 데 도움이 될 것이라 판단하여, 새로운 무기 개발을 돕도록 하멜을 훈련도감에 배치시켰다. 하지만 하멜은 끊임없이 조선에서 탈출하기 위해 노력하다가 1656년에 전남 강진으로 유배되어 고된*노역에 시달렸다. 이때 탈출을 결심한 하멜은 1666년 8명의 동료와 함께 배를 타고 일본 나가사키로 탈출하였다.

③ 〈하멜 표류기〉

네덜란드로 돌아간 하멜은 14년 동안 밀린 임금을 받기 위해 조선에서 겪은 생활을 기록한 보고서를 작성하였는데, 이것이 바로 〈하멜 표류기〉이다. 〈하멜 표류기〉에는 우리나라의 지리와 풍속, 정치, 군사 활동 등이 기록되어 있어 당시 조선의 모습을 짐작할 수 있다. 〈하멜 표류기〉를 통해 최초로 서양 사람들에게 조선이 알려져 네덜란드 동인도 회사는 조선과 교역하기 위해 코레아 호를 만들기도 하였다.

함께 탈출하지 않았던 나머지 동료 8명도 2년 후에 네덜란드로 돌려보냈대.

벨테브레이와 달리 하멜은 조선을 빨리 떠나고 싶어 했어.

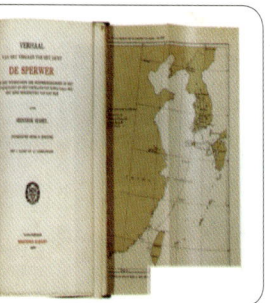

▲〈하멜 표류기〉
1668년 네덜란드 어로 발간되었다.

▲하멜 기념비
하멜이 상륙한 제주도에 세워진 기념비이다.

***노역** : 고용인에 의해 일방적으로 혹사를 당하는 일.

4장 1680년경 ~ 1701년경

숙종은 왕권을 어떻게 강화시켰을까?

1680년 창덕궁

갑자기 비가 쏟아져!

소나기인가 봐.

어? 사람들이 짐을 나르고 있어.

큰 보따리를 들고 있는데?

아저씨, 저게 뭐예요?

나는 영의정 ▶허적 대감 댁에서 왔다. 저건 잔치에 쓸 *유악이야.

▶ 허적(1610~1680년) : 조선 후기의 문신. 남인의 우두머리였음.
* 유악 : 비가 새지 않도록 기름을 먹인 천막.

* **장악** : 손안에 잡아 쥔다는 뜻으로, 무엇을 마음대로 할 수 있게 됨을 이르는 말.
* **영수** : 여러 사람 가운데 우두머리.

허견을 역모죄로 고발한 사람은 누구였을까?

이조 판서 김석주를 비롯한 서인은 세력이 큰 남인을 조정에서 몰아내고자 했다. 허적의 아들 허견이 인조의 손자 복선군과 가까운 것을 안 김석주는 이것을 빌미로 허견이 역모를 꾀한다고 고발했다. 그리하여 이들을 비롯한 남인이 조정에서 추방되었다.

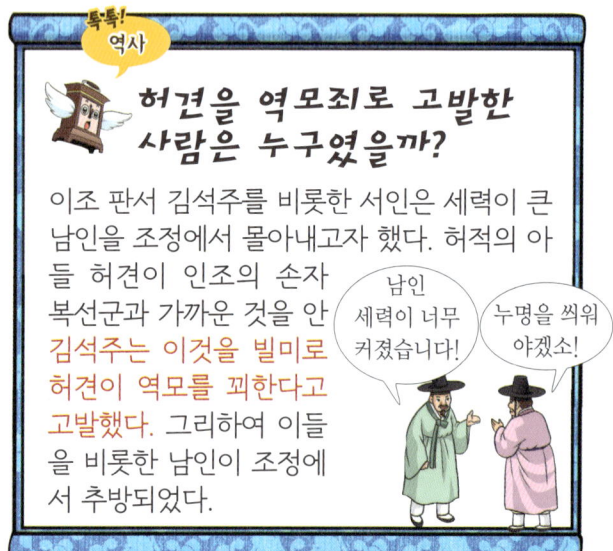

*군수 물자 : 군대에 필요한 전투 식량, 군복, 기구 따위의 물품이나 재료.
▶복선군(알 수 없음~1680년) : 인조의 손자이자 인평 대군의 아들. 역모죄로 유배되어 죽었음.

* **처형** : 형벌에 처함.
▶ **경신환국** : 1680년(숙종 6년)에 서인이 반대파인 남인을 몰아내고 권력을 잡은 사건.

서인 세력은 어떻게 둘로 나뉘었을까?

경신환국 뒤 정권을 잡은 서인은 남인을 강하게 *탄압할 것을 주장한 노장파와 그에 반대한 소장파로 세력이 나뉘었다. 이렇게 나뉜 파 중에서, 송시열을 중심으로 하는 노장파를 노론이라 하고 한태동을 중심으로 하는 소장파를 소론이라고 불렀다. 노론과 소론은 그 뒤로도 계속 *정쟁을 벌였다.

* **탄압** : 권력이나 무력 따위로 억지로 눌러 꼼짝 못 하게 함.
* **정쟁** : 정치에서의 싸움.

▶ 소의 : 조선 시대에, 후궁에게 내리던 정2품 내명부의 품계.
▶ 상궁 : 조선 시대에, 내명부의 하나인 궁녀의 정5품 벼슬.

장 희빈은 누구일까?

장 희빈은 궁궐에 궁녀로 들어가서 숙종의 빈이 되었다. 1686년에 숙원, 1688년에 소의가 되고 왕자를 낳았다. 1689년에 왕자가 원자로 봉해졌고 장 소의는 장 희빈이 되었다. 이 과정에서 장 희빈은 왕자를 낳지 못한 인현 왕후와 갈등을 빚었다.

나의 권세는 매우 높았어.

▶ 빈 : 조선 시대에, 후궁에게 내리던 정1품 내명부의 품계.
▶ 원자 : 아직 왕세자에 오르지 않은 임금의 맏아들.

* 과인 : 덕이 적은 사람이라는 뜻으로, 임금이 자기를 가리킬 때 낮추어 이르던 말.
* 총애 : 남달리 귀여워하고 사랑함.

* **거역** : 윗사람의 뜻이나 지시 따위를 따르지 않고 거스름.
* **조정** : 임금이 나라의 정치를 신하들과 의논하거나 시행하는 곳.

* **시기상조** : 어떤 일을 하기에 아직 때가 이름.
* **종묘사직** : 왕실과 나라를 통틀어 이르는 말.

*심란하다 : 마음이 어수선하다.
*심기 : 마음으로 느끼는 기분.

*능멸 : 업신여기어 깔봄.
*두둔 : 편들어 감싸 주거나 무조건 한쪽 편을 들어줌.

*무상하다 : 모든 것이 덧없다.
*기세등등 : 기운차게 뻗치는 상태가 매우 높고 힘찬 모양.

▶상소 : 임금에게 올리던 글.
＊주동 : 어떤 일에 주장이 되어 움직임.

▶유배 : 죄인을 귀양 보내던 일.
▶폐위 : 왕이나 왕비 등의 자리를 폐함.

▶ 사약 : 왕족이나 사대부가 죽을죄를 범하였을 때, 임금이 내리는 독약.
▶ 환국 : 왕이 왕권 강화를 위해 지배 세력을 교체하는 일.

숙빈 최씨는 어떤 사람이었을까?

숙빈 최씨는 어릴 때 궁에 들어온 무수리였다. 인현 왕후가 폐비되어 궁에서 쫓겨나고 장 희빈이 중전이 된 뒤, 최씨는 인현 왕후를 위해 기도를 드리던 중 숙종의 눈에 띄어 총애를 받았다. 1699년에 숙빈이 된 최씨는 아들을 낳았는데, 이 아들은 훗날 영조가 된다.

▶ **영조(재위 1724~1776년)**: 조선의 21대 왕. 탕평책을 써서 당쟁을 없애는 데 힘썼고, 균역법의 시행, 신문고의 부활, 〈동국문헌비고〉 편찬 등 많은 업적을 남겼음.

▶ 장희재(알 수 없음~1701년) : 조선 후기의 무신. 장 희빈의 오빠로, 인현 왕후가 복위되자 갖은 음모로 해하려다가 장 희빈과 함께 처형되었음.

▶ **폐비**: 왕비의 자리에서 물러난 왕비. 여기에서는 인현 왕후를 말함.
* **속셈**: 마음속으로 하는 궁리나 계획.

▶ 복위 : 폐위되었던 왕이나 왕비가 다시 그 자리에 오름.
* 등용 : 인재를 뽑아서 씀.

* 대립 : 의견이나 처지, 속성 따위가 서로 반대됨.
* 신첩 : 여자가 임금을 상대하여 자기를 낮추어 이르던 말.

▶ 양전 사업 : 경작 상황을 알기 위하여 토지의 넓이를 재던 사업.
＊토지 대장 : 토지에 관한 장부. 토지의 주소, 넓이, 소유자의 주소와 성명 따위를 적음.

*개편 : 조직을 고쳐 다시 짬.
▶군포 : 조선 시대에, 군사적 의무를 면제하여 주는 대신 거두어들이던 베.

*심상치 않다 : 늘 가지고 있던 태도와 다르다.
▶취선당 : 조선 숙종 때 희빈 장씨가 다시 빈이 된 후 지낸 곳.

*초상화 : 사람의 얼굴을 중심으로 그린 그림.
*굿 : 무당이 귀신에게 인간이 길흉화복을 조절해 달라고 비는 무속의 종교 의식.

* 병석에 눕다 : 사람이 병에 걸려 앓아눕다.
* 천지신명 : 온 세상의 조화를 맡아 처리하는 온갖 신령.

1701년 8월

150 * 굿당 : 무당이 신을 모시고 굿을 하는 곳.
* 발각 : 숨기던 것이 드러남.

화가 난 숙종은 장 희빈에게 사약을 내렸어.

그리고 무당과 궁녀, 장희재 등 *저주에 참여한 사람들도 모두 처형됐지.

* **저주** : 남에게 재앙이나 불행이 일어나도록 빌고 바람.
* **교체** : 사람이나 사물을 다른 사람이나 사물로 대신함.

한국사 핵심 노트

 17세기경 조선의 붕당 정치에 대해 정리해 보자.

🟢 17세기의 붕당 정치

1) 붕당 정치의 전개

붕당 정치 초기에는 동인이 권력을 잡았으나, 동인인 정여립이 반란을 준비하다 발각되는 사건이 일어나면서 동인의 세력이 위축되었다. 그러나 2년 뒤 세자 책봉 문제를 둘러싼 논쟁으로 서인이 타격을 입고 다시 동인이 정권을 잡게 되었는데, 이때 동인은 서인 정철의 처벌 문제를 놓고 강경파인 북인과 온건파인 남인으로 나뉘었다. 임진왜란이 일어난 후에는 전쟁에서 공을 세우거나 의병 활동에 적극적이었던 북인이 광해군을 도와 정치를 주도하였는데, 서인이 광해군의 중립 외교와 *패륜 행위를 구실 삼아 인조반정을 일으키면서 광해군과 북인이 제거되었다. 그 뒤로는 반정에 성공한 서인이 정치를 주도하는 가운데 남인이 참여하는 형태로 붕당 정치가 전개되었다.

2) 붕당 정치의 변질

현종 때에 서인과 남인 사이에 두 차례에 걸친 예송 논쟁이 벌어졌다. 효종과 효종의 비가 죽자 효종의 계모인 자의 대비가 얼마 동안 상복을 입어야 하는지를 놓고 서인과 남인 사이에 치열한 논쟁이 벌어지면서 붕당 간의 대립이 심각해졌다. 숙종 즉위 후에는 집권 세력이 급작스럽게 교체되는 환국이 일어나면서 공존의 원리가 무너지고 특정 붕당이 권력을 독점하는 현상이 나타났다.

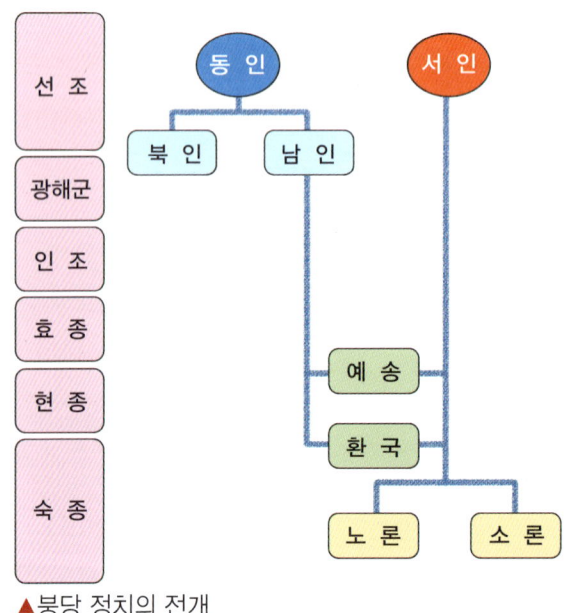

▲ 붕당 정치의 전개

*패륜: 사람으로서 마땅히 해야 할 도리에 어그러짐.

3) 세 차례의 환국

경신환국(1680년)

숙종 즉위 초 정권을 잡은 남인들이 정치를 돌보지 않고 권력 투쟁에 몰두하자, 숙종은 남인 세력에 대해 의심을 품기 시작하였다. 이때 남인을 대표하는 영의정 허적이 왕실의 허가를 받아야만 사용할 수 있는 유악을 집안 행사에 마음대로 가져가 사용해 숙종의 분노를 샀다. 이에 따라 영의정을 비롯한 중요한 관직에 서인이 임명되고 남인이 장악하고 있던 군사권이 서인에게 넘어가는 등 남인이 몰락하였다.

기사환국(1689년)

숙종은 첫 번째 왕비 인경 왕후, 두 번째 왕비 인현 왕후 사이에서 아들이 없어 장옥정을 후궁으로 맞아들였다. 장옥정은 남인 쪽 사람이었는데, 왕자를 낳아 숙종의 애정이 더욱 깊어졌다. 숙종이 장옥정이 낳은 왕자를 ▶원자로 책봉하고 장옥정을 희빈으로 올리자 위기감을 느낀 서인의 대표 송시열은 상소를 올려 원자 책봉에 반대했다. 화가 난 숙종은 송시열에게 사약을 내렸고, 이를 계기로 서인 세력 다수가 제거되고 남인이 다시 권력을 장악하였다. 이후 인현 왕후는 폐비되고 희빈 장씨가 중전의 자리에 올랐다.

갑술환국(1694년)

중전이 된 장씨의 행동이 날로 건방져지고 남인의 세력이 지나치게 커지자 숙종은 인현 왕후를 폐한 것을 후회하였다. 폐비 민씨(인현 왕후) 복위 운동을 전개하던 서인은 이를 자신들이 재집권할 수 있는 기회로 여겼다. 때마침 중전 장씨의 오빠가 숙종의 총애를 받는 후궁 숙의 최씨를 독살하려 한다는 소문이 돌았다. 이 이야기를 들은 숙종은 인현 왕후를 다시 중전으로 복위시키고 장씨를 빈으로 *강등시켰다. 이로써 다시 서인 세력이 집권하였고 남인 세력은 급격히 쇠퇴하였다.

▶ 원자 : 아직 왕세자에 책봉되지 않은 임금의 맏아들.
* 강등 : 등급이나 계급 등을 낮춤.

세계사 핵심 노트

17~18세기경 프랑스와 동유럽의 절대 왕정을 살펴보자.

⬠ 프랑스의 절대 왕정

프랑스의 왕 루이 14세(재위 1643~1715년)는 자신을 태양에 비유하며 강력한 왕권을 행사하였다. 그는 중상주의 정책을 추진하여 국내 산업을 육성하였고, 이렇게 쌓은 경제력을 바탕으로 강력한 상비군을 키워 프랑스를 유럽 최강의 국가로 만들었다. 한편 루이 14세가 낭트 칙령을 폐지하여 신교도인 위그노를 탄압하자 상공업에서 큰 역할을 하던 위그노들이 이를 피해 외국으로 빠져나갔다. 그 결과 상업이 침체되기 시작하였으며, 무리하게 에스파냐 왕위 계승 전쟁에 참가하여 점차 국력이 약화되었다.

▲ 태양왕 루이 14세

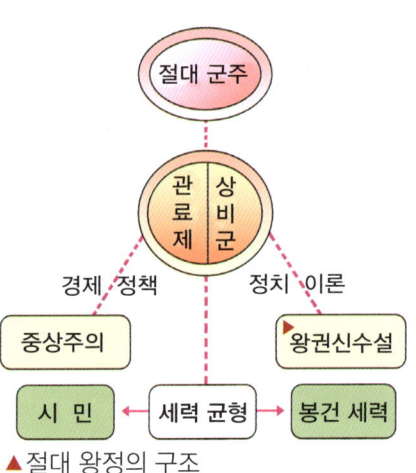

▲ 절대 왕정의 구조

 궁금해요! 베르사유 궁전은 어떤 곳일까?

베르사유 궁전은 파리 남서쪽 베르사유에 루이 13세가 지은 사냥용 별장을 루이 14세 때 확장한 바로크 양식의 궁전이야. 전체 길이가 680m에 이르는 대궁전으로, 궁전 정면에 정원을 만들고 궁전 중앙에 있는 방을 '루이 14세의 방'으로 꾸몄어. 호화로운 궁전에서는 상류층이 모이는 연회와 무도회가 열렸고, 이는 국민들에게 선망의 대상이 되었지. 이후 베르사유 궁전은 미국 독립 혁명, 제1차 세계 대전의 평화 조약 체결 등 국제적 주요 행사 장소로 쓰였고, 1979년 유네스코 세계 문화유산으로 등재되었어.

▶ **상비군** : 국가 비상사태에 대비한 정식 군대로, 왕권 강화를 목적으로 조직됨.
▶ **위그노** : 16~17세기 프랑스의 칼뱅파 신교도.

동유럽의 절대 왕정

1) 동유럽 절대 왕정의 특징

동유럽에서는 서유럽보다 늦은 17세기 중엽에 절대 왕정이 등장하였다. 동유럽은 서유럽에 비해 도시가 늦게 형성되었고 상공업의 발달이 미약하였다. 이 때문에 시민 계급이 성장하지 못하였고, 여전히 농노를 이용한 농업이 경제의 중심을 차지하여 봉건 귀족 세력의 힘이 강력하였다. 따라서 계몽사상의 영향을 받은 절대 군주가 국민을 계몽하고 산업 발전을 추구하는 계몽 절대주의가 등장하였다. 동유럽의 절대 군주들은 스스로 사회 개혁을 추진하였다.

2) 프로이센

여러 개의 국가로 나뉘어 있던 독일에서는 프로이센이 새로운 강국으로 등장하였다. 프랑스 계몽주의의 영향을 받은 프리드리히 2세(재위 1740~1786년)는 국내 산업을 육성하여 국가 재정을 튼튼하게 만들었고, 강력한 군사력을 바탕으로 대외 정책을 추진하였다. 그는 '국가 제1의 심부름꾼'을 자처하며 서유럽 국가들을 모방하여 관료제와 강력한 상비군을 마련하였다.

▲프리드리히 2세

3) 러시아

표트르 대제(재위 1682~1725년)는 서유럽의 문화와 제도를 모델로 러시아의 근대화를 적극적으로 추진하였다. 그는 농민들에게 많은 세금을 거두어 대규모 상비군을 만들고 철강 산업과 군수 산업의 발전에 힘을 기울였다. 그 결과 오스만 제국·스웨덴과의 전쟁에서 승리하였고, 서쪽으로는 폴란드, 동쪽으로는 시베리아, 남쪽으로는 흑해 연안까지 영토를 확장하였다.

▲표트르 대제

4) 오스트리아

합스부르크 공국(오스트리아-헝가리 제국)의 여제 마리아 테레지아(재위 1740~1780년)는 권력 상속 과정에서 다른 나라들의 반대로 오스트리아 계승 전쟁, 7년 전쟁 등을 치르면서 통치권을 장악하였다. 그녀는 중앙·지방 행정 조직과 교육 제도, 군사 제도의 개혁을 추진하였다.

▲마리아 테레지아

▶[154쪽] 왕권신수설 : 국왕의 권리는 신에게서 받은 절대적인 것이라는 뜻으로, 절대 왕정 시기에 왕권을 강화하는 데 뒷받침이 된 주장.

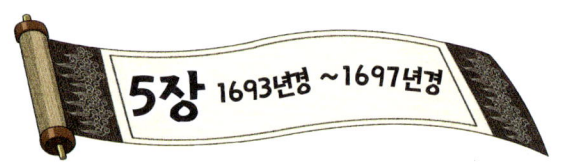

5장 1693년경 ~1697년경

안용복은 울릉도와 독도를 어떻게 지켰을까?

▶**안용복(알 수 없음)** : 조선 숙종 때의 민간 외교가이자 어부. 울릉도와 우산도(독도)가 조선 땅임을 주장하여 일본이 이를 인정하도록 하였음.

톡톡! 역사
조선 시대에는 왜 섬에 사람이 살지 않았을까?

울릉도는 삼국 시대부터 우리나라의 영토로, 주민도 살고 있었다. 하지만 조선 시대에는 왜구의 *노략질을 피하고, 죄를 지은 자들의 *피란처가 되지 않도록 울릉도와 같은 먼 섬에 사는 주민을 육지에서 살게 하였다. 그래서 이때에는 어부들만 고기잡이를 하기 위해 섬을 찾았다.

* **노략질** : 떼를 지어 돌아다니며 사람을 해치거나 재물을 강제로 빼앗는 짓.
* **피란처** : 난리를 피하여 자리를 잡은 곳.

*행패 : 체면에 맞지 않는 난폭한 짓을 버릇없이 함.
*침범 : 남의 영토나 권리, 재산, 신분 따위에 해를 끼침.

▶ **수군** : 조선 시대에, 바다를 지키던 군대의 병사.
▶ **왜관** : 조선 시대에, 조선에 입국한 일본인이 외교나 무역 일을 보던 관아.

*태수 : 해당 지역의 행정 책임을 맡았던 으뜸 벼슬.
*우산도 : '독도'의 옛 이름.

▶ 막부 : 1192년에서 1868년까지 일본을 통치한 쇼군(장군)의 정부.
* 시중 : 옆에 있으면서 여러 가지 심부름을 하는 일.

*외교 문서 : 어떤 일에 대하여 다른 나라와 서로 의논하며 작성되는 공식 문서. 특히 조약, 선언, 통지 따위의 법률적인 효력을 지니는 문서를 말함.

* 매무새 : 옷, 머리 따위를 수습하여 입거나 손질한 모양새.
* 곤장 : 예전에, 죄인의 볼기를 치던 형벌.

▶[165쪽] 허준(1539~1615년) : 조선 선조·광해군 때의 의관. 어의로 있으면서 선조의 명으로 의학서를 쓰기 시작하여 1610년에 〈동의보감〉 25권을 완성하였음.

톡톡! 역사

〈동의보감〉은 어떤 책일까?

선조는 어의▶ 허준에게 의학서를 쓰게 하였다. 허준은 조선과 중국의 의학서들을 연구하여 조선에 맞게 쓰기 시작하였고, 1610년(광해군 2년)에 〈동의보감〉을 완성하였다. 동양에서 가장 우수한 의학서로 손꼽히는 〈동의보감〉에는 병의 종류마다 진단과 처방이 기록되어 있고, '탕약편'에는 수백 종의 약재에 대한 설명이 한글로 쓰여 있다.

▶ 어의 : 궁궐 내에서, 임금이나 왕족의 병을 치료하던 의원.
* 대마도 : 일본 '쓰시마 섬'을 우리 한자음으로 읽은 이름.

* **파견** : 일정한 임무를 주어 사람을 보냄.
* **답신** : 회답으로 보낸 통신이나 서신.

*무례 : 태도나 말에 예의가 없음.
*점거 : 어떤 장소를 차지하여 자리를 잡음.

*돛 : 배의 기둥에 매어 두는 넓은 천으로, 바람을 받아 배가 가게 함.
*담판 : 서로 맞선 관계에 있는 양쪽이 의논하여 옳고 그름을 정함.

*우연 : 어떤 일이 뜻하지 아니하게 저절로 이루어짐.
*아량 : 너그럽고 속이 깊은 마음씨.

* **무단** : 사전에 허락이 없음.
* **집요하다** : 몹시 고집스럽고 끈질기다.

* 문책 : 잘못을 캐묻고 꾸짖음.
* 여세 : 어떤 일을 겪은 다음의 나머지 세력이나 기세.

172 *인정 : 확실히 그렇다고 여김.
*귀국 : 외국에 나가 있던 사람이 자기 나라로 돌아오거나 돌아감.

＊처벌 : 형벌에 처함.
＊달변가 : 말을 능숙하고 막힘이 없이 잘하는 사람.

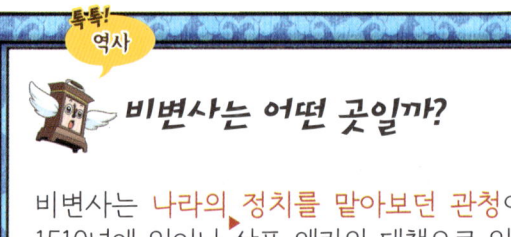

비변사는 어떤 곳일까?

비변사는 **나라의 정치를 맡아보던 관청**이다. 1510년에 일어난 삼포 왜란의 대책으로 임시로 만들었는데, 임진왜란과 병자호란 등의 큰 전쟁을 치르면서 그 기능이 확대·강화되었다. **비변사에서는 군사 문제를 비롯하여 나랏일에 대한 모든 문제들을 의논하였다.** 비변사의 권한이 계속 커짐에 따라 원래 있던 의정부의 기능은 점차 약해졌다.

임진왜란 이후 비변사는 실질적인 최고의 관청이었어.

▶ **삼포 왜란** : 1510년에 제포, 부산포, 염포의 3개 항구에서 일본인들이 무역 활동 제한에 불만을 품고 일으킨 폭동. 곧 이들을 평정한 뒤에 항구를 닫고 대마도로 쫓아내었음.

▶ [174쪽] 의정부 : 조선 시대에 둔, 국가 정책을 결정하던 최고 기관. 명종 때에 비변사에 그 권한을 빼앗겼으나 대원군 때에 비변사를 없애면서 권한을 되찾았음.

*[177쪽] 경계 : 지역이 구분되는 한계.
*[177쪽] 답사 : 현장에 가서 직접 보고 조사함.

 **조선 후기 북쪽 국경을 확정한 비석은 무엇일까?**

숙종 때 조선과 청나라 사이의 백두산 지역은 빈 땅이나 마찬가지였다. 이 지역에서는 인삼을 캐거나 사냥을 하는 사람들이 오가며 분쟁이 자주 일어났다. 1685년(숙종 11년)에는 백두산 지역을 *답사하던 청나라인들이 압록강 건너에서 조선의 채삼인(인삼을 캐는 사람)들의 습격을 받는 사건이 생기기도 하였다. 이외에도 압록강과 두만강을 사이에 두고 많은 분쟁이 생기자 청나라와 조선은 1712년(숙종 38년)에 백두산에 올라가 국경을 정하고 국경선을 표시하기 위하여 그곳에 비석을 세웠다. 이 비석을 '백두산정계비'라고 부르는데, 정계비는 일정한 경계를 정한 비석이라는 뜻이다. 그 뒤 청나라에서 경계선 주변의 간도를 일구자 조선에서는 정계비를 내세워 조선의 영토임을 주장했다. 하지만 1909년에 일본이 나서서 철도 건설권을 얻는 대가로 간도 지역을 청나라에 넘겨주었다. 백두산정계비는 1931년 9월 만주 사변이 일어난 뒤 없어졌다.

조선과 청나라 사이의 경계선을 비로소 만들었다!

▶**만주 사변** : 1931년 중국 동북 지방에 대한 일본의 침략 전쟁. 1932년 일본은 중국 동북부 및 내몽골 지역에 만주국을 세웠음.

178
* **단서** : 어떤 문제를 해결할 때의 실마리가 되는 것.
* **일리** : 어떤 면에서 그런대로 마땅하다고 생각되는 이치.

*풍성 : 넉넉하고 많음.
*체험 : 자기가 몸소 겪음.

13권에 계속됩니다.

한국사 핵심 노트

독도를 기록한 우리나라의 자료를 정리해 보자.

⬢ 울릉도와 독도에 관한 우리나라의 기록

신라	512년 (지증왕 13년)	장군 이사부가 우산국을 정벌함. 〈삼국사기〉에 우산국은 울릉도라 불리기도 했다고 기록되어 있음.
고려	1157년 (의종 11년)	땅이 넓고 비옥하여 사람이 살 수 있다는 말을 듣고 울릉도에 사람을 보내 조사하였으나, 토지에 암석이 많아 거주가 어렵다고 판단해 의논을 그만둠.
	1197년 (명종 27년)	울릉도의 토지가 비옥하고 진귀한 나무와 해산물이 많다고 하여 최충헌이 주민들을 거주하게 하려고 했는데, 풍랑으로 많은 사람이 죽자 주민들을 다시 되돌아오게 함.
	1243년 (고종 30년)	최우가 울릉도에 주민들을 이주시켰다가 후에 물에 빠져 죽는 사람이 많이 생겨 이주 정책을 포기함.
조선	1486년 (성종 17년)	〈동국여지승람〉 권35 발간, 지도에 우산도(독도)를 표기함.
	1614년 (광해군 6년)	〈지봉유설〉에서 "울릉도는 일명 무릉(武陵), 일명 우릉(羽陵)으로 동해 가운데 있어 울진현과 상대하고 있으며, 섬 가운데 큰 산이 있고, 토지의 크기가 100리다. …(중략)… 임진왜란 후 사람들이 들어가 본 일이 있으나, 최근 들어 왜구가 노략질하여 정착하지 못하고 쫓겨 나왔다."라고 언급함.
	1693년 (숙종 19년)	동래와 울산의 어부 40여 명이 울릉도에서 일본 어부와 충돌했는데, 일본인들이 안용복 일행을 납치해 감. 안용복은 자신들을 잡아 온 이유를 따지고, 울릉도는 조선의 영토이므로 일본인의 울릉도 왕래를 금할 것을 요구함.
	1696년 (숙종 22년)	안용복이 일본으로 건너가 울릉도 관리를 자청하고 예전의 약속을 지키지 않은 것을 따짐. 일본에서는 울릉도와 독도를 조선의 영토로 인정하고, 다시 침범하는 자가 있으면 엄벌에 처할 것을 약속함.
대한 제국	1900년	대한 제국은 칙령 제41호를 반포함. 울릉도의 이름을 울도로 바꾸고 울도 군수가 석도(독도)까지 관할하도록 하여 독도가 우리 땅임을 분명히 함.

지도에 나타난 울릉도와 독도

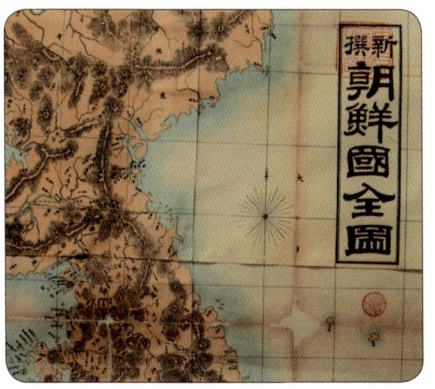

▲ '신찬조선국전도'
1894년 일본에서 발행된 이 지도에는 울릉도와 독도가 조선 영토와 같은 색깔로 칠해져 있다.

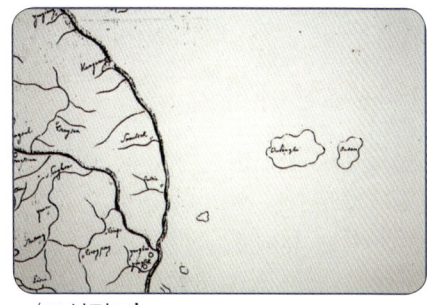

▲ '조선전도'
김대건 신부가 그린 지도를 프랑스 사람이 다시 제작한 이 지도에는 울릉도가 'Oulengto'로, 독도가 옛 지명인 'Ousan'으로 기록되어 있다.

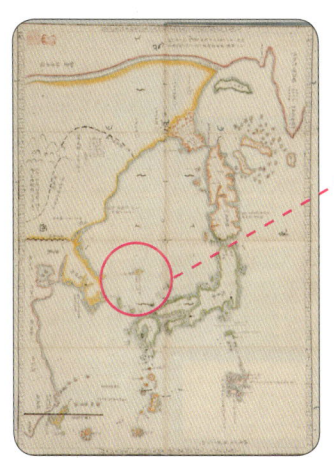

▲ '삼국접양지도'
1785년 일본의 학자가 만든 지도로 우리나라와 일본, 중국 동북 지방을 그렸다. 울릉도와 독도를 조선과 같은 황색으로 표현하여 조선의 영토임을 보여 준다.

▲ 울릉도와 독도가 조선의 영토라고 표기되어 있다.

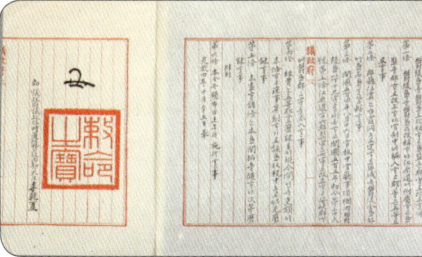

▲ 대한 제국 칙령 제41호
울릉도를 군으로 승격하고 울릉도, 죽도, 석도(독도)를 관할하게 하였다.

독도는 신라 이후 오늘날까지 엄연한 우리나라의 영토이다!

세계사 핵심 노트

17세기경 러시아와 청나라의 충돌을 살펴보자.

⬠ 러시아와 청나라의 충돌

1) 네르친스크 시 건설

17세기 중엽에 시베리아 동쪽 지역까지 진출한 러시아는 보다 따뜻하고 사람이 많이 사는 남쪽으로 내려오기 시작했다. 그러나 남쪽에 자리 잡은 청나라는 명나라와의 전쟁에 몰두하고 있는 상황이라 러시아와의 *교전에 신경 쓸 겨를이 없었고, 두 나라는 한동안 충돌 없이 지냈다. 이후 러시아는 탐사대를 보내 만주 지역 일대를 자세히 조사한 뒤, 탐험가 하바로프를 보내 헤이룽 강(흑룡강) 유역을 공격하였다. 청나라는 군사를 보내 방어하려 하였으나 하바로프 부대가 승리하였고, 러시아는 이 지역에 알바진 요새를 세운 뒤 네르친스크 시를 건설하고 사람들을 이주시켰다.

러시아가 지금과 같이 넓은 영토를 가지게 된 것은 그리 오래되지 않았구나.

2) 1차 나선 정벌(1654년)

러시아에 위협을 느낀 청나라는 병력을 보내 알바진 요새를 공격하였는데, 러시아군의 막강한 화력에 막혀 요새를 *함락시키지 못하였다. 러시아에 비해 무기의 수준이 뒤처지자 청나라는 임진왜란 이후 조총 부대를 육성한 조선에 조총 부대의 파견을 요구하였다. 효종은 북벌을 위해 양성하던 조총 부대에게 좋은 실전 경험이 될 것이라 판단해 조총 부대를 파견하였고, 청나라와 조선의 연합군은 러시아군과 싸워 승리를 거두었다.

▲ 나선 정벌의 경로

*교전 : 서로 병력을 가지고 전쟁을 함.
*함락 : 적의 성, 요새, 진지 등을 공격하여 무너뜨림.

3) 계속되는 두 나라의 전투

1차 나선 정벌 이후 청나라는 다시 한 번 조선에 조총 부대를 파견해 달라고 요청하였다. 이에 조선은 200여 명의 부대를 파견하였고, 이들은 청나라 군대에 합류하여 러시아 군사와 교전을 벌였다. 연합군은 대승을 거둬 러시아군을 물리쳤는데, 이것이 2차 나선 정벌(1658년)이다. 이후 북방 문제에 신경을 쓰지 못하다가 1685년 오랜 준비를 끝낸 청나라의 군대는 알바진 요새를 함락시켰으나 러시아의 반격으로 다시 알바진을 빼앗기는 등 두 나라 사이에 10개월에 걸친 긴 전투가 계속되었다.

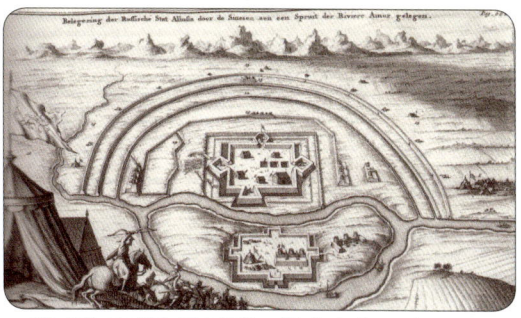

▲알바진 요새를 공격하는 청나라의 군대

4) 네르친스크 조약의 체결(1689년)

러시아와 청나라는 각자 교섭 대표단과 군사를 보내 외교를 통한 합의에 나섰다. 두 나라는 회담이 열리기 전부터 회담 장소를 어디로 할 것인가에 대해 신경전을 벌였으나, 여러 가지 사정을 고려하여 러시아의 네르친스크로 결정하였다. 국경선을 정하는 데 있어서도 양측의 의견이 심하게 엇갈렸지만 이번에는 러시아가 한발 물러서기로 하였다. 이렇게 스타노보이 산맥과 아르군 강을 러시아와 청나라의 국경으로 결정하는 네르친스크 조약이 체결되었고, 이 조약은 중국 최초의 국제 조약으로 평가받는다.

▲네르친스크 조약으로 결정된 러시아와 청나라의 국경선

*교섭 : 어떤 일을 이루기 위해 서로 의논하고 절충함.

도전! 역사 퀴즈

스마트폰으로 QR코드를 찍으면 보다 다양한 모바일 역사 게임을 만날 수 있습니다.

1번 ✏️ 42쪽, 88쪽, 120쪽, 121쪽, 153쪽, 180쪽을 참고하세요.

Q. 누리가 가로세로 퍼즐을 푸는 데 어려움을 겪고 있어요. 누리를 도와 함께 퍼즐을 풀어 보세요.

	①	② 송		③		론
					④	
			⑤		반	
	⑥	기				

숙종 때 사약을 받고 죽은 사람이 누구더라?

가로 열쇠 🗝
① 현종 때 왕실의 의례 문제를 놓고 서인과 남인이 ○○ 논쟁을 벌였다.
③ 청나라를 공격하여 병자호란에서의 패배에 대해 복수하자는 주장이다.
⑥ 광해군 때 대동법이 처음으로 실시된 지역이다.

세로 열쇠 🗝
② 서인의 대표 인물이자 효종의 스승인 학자. 숙종 때 사약을 받고 죽었다.
④ 서인이 일으킨 정변으로, 광해군이 쫓겨나고 인조가 왕이 되었다.
⑤ 신라의 이사부가 우산국을 정벌한 이래 우리나라의 국토인 섬.

2번 ✏️ 42쪽, 43쪽, 88쪽, 89쪽, 153쪽, 180쪽을 참고하세요.

어려운 문제도 풀어 봐야 실력이 쑥쑥!

Q. 아라도 가로세로 퍼즐에 도전하려고 해요. 아라를 도와 퍼즐을 풀어 보세요.

인조가 청나라 태종에게 항복했던 곳 기억나?

퍼즐판:
- ①
- ② ... 감
- 법 ... ③
- ④
- 왕
- ⑤ 도

가로 열쇠 🔑
② 허준이 선조 때 편찬하기 시작해 광해군 때 완성한 의학 서적.
③ 조선의 16대 왕. 서인 세력과 함께 반정을 일으켜 광해군을 내쫓고 왕위에 올랐다.
⑤ 안용복이 일본 어민들을 몰아내고 일본으로부터 조선의 영토임을 확인받은 섬.

세로 열쇠 🔑
① 공납을 특산물 대신 쌀·동전 등으로 납부하게 한 제도.
③ 숙종의 부인으로, 장 희빈이 왕자를 낳은 뒤 쫓겨났다가 복귀한 인물.
④ 병자호란 때 인조가 남한산성에서 나와 청나라 태종에게 항복한 곳이다.

도전! 역사 퀴즈

3번 120쪽을 참고하세요.

Q. 다음은 어떤 역사 인물의 뇌 구조를 가상으로 그려 본 것입니다. 이 사람은 누구일까요? 답( )

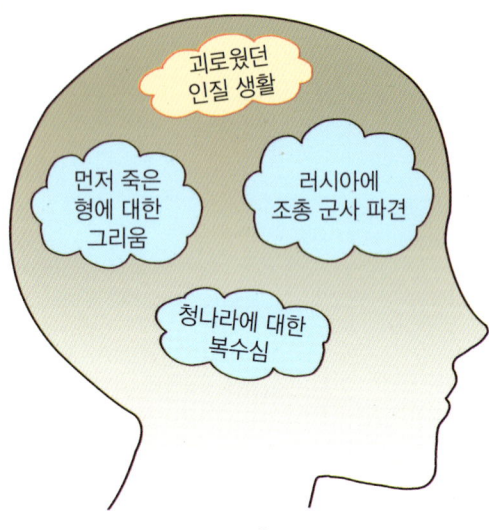

① 삼전도에서의 굴욕을 잊지 않겠다.
▲ 인조

② 청나라에서 고생한 것을 어찌 잊을 수 있겠는가!
▲ 효종

③ 명나라와 청나라 사이에서 줄다리기를 잘해야 한다.

▲ 광해군

④ 우리보다 앞선 서양 문물을 배워야 한다.
▲ 소현 세자

4번 42쪽을 참고하세요.

Q. 우성이가 골든 벨 퀴즈에 나갔습니다. 다음 퀴즈의 정답을 써 보세요.

답 (   )

5번 88쪽을 참고하세요.

Q. 역사 수업 시간입니다. (가)에 들어갈 알맞은 대답은 무엇일까요?

답 (   )

① 조광조를 등용하여 개혁을 실시했어요.
② 호패법을 실시하여 인구 상황을 파악했어요.
③ 최윤덕과 김종서를 시켜 4군 6진을 개척했어요.
④ 명나라와 후금 사이에서 중립 외교 정책을 폈어요.

도전! 역사 퀴즈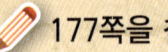

6번 ✏️ 177쪽을 참고하세요.

Q. 다음 자료를 활용하여 역사 탐구 보고서를 쓰려고 합니다. 보고서와 가장 관련 있는 사람은 누구일까요?   답( )

백두산정계비

오라총관 목극등이 황제의 명을 받들어 국경을 조사하기 위해 여기에 이르러 살펴보니, 서쪽은 압록강이고 동쪽은 토문강(土門江)이므로 분수령 위에다 돌에 새겨 표를 삼는다.

① 효종 ② 숙종
③ 강홍립 ④ 봉림 대군

7번 ✏️ 170쪽, 171쪽, 172쪽, 173쪽을 참고하세요.

Q. 다음은 인터넷에서 어떤 인물을 검색한 결과입니다. 이 인물은 누구일까요?   답( )

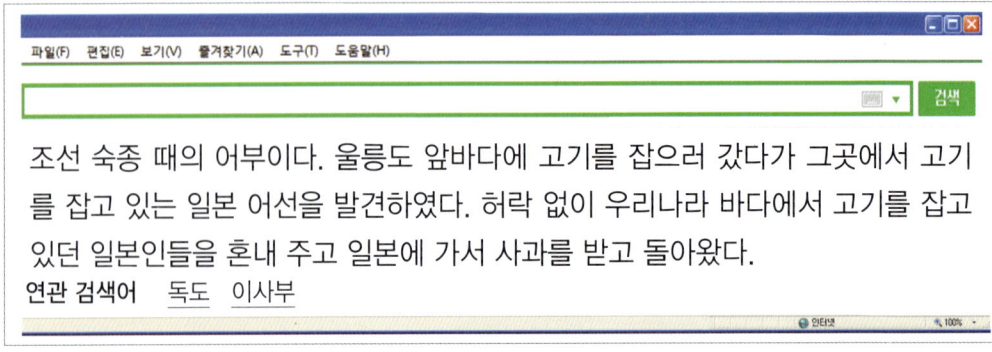

조선 숙종 때의 어부이다. 울릉도 앞바다에 고기를 잡으러 갔다가 그곳에서 고기를 잡고 있는 일본 어선을 발견하였다. 허락 없이 우리나라 바다에서 고기를 잡고 있던 일본인들을 혼내 주고 일본에 가서 사과를 받고 돌아왔다.
연관 검색어 독도 이사부

① 안용복 ② 한명회
③ 김종직 ④ 장영실

8번 153쪽, 182쪽을 참고하세요.

Q. 미로를 빠져나가면서 만나는 인물의 순서대로 업적을 나열해야 합니다. 옳은 순서는 무엇일까요?　　　　　　답 (　　　)

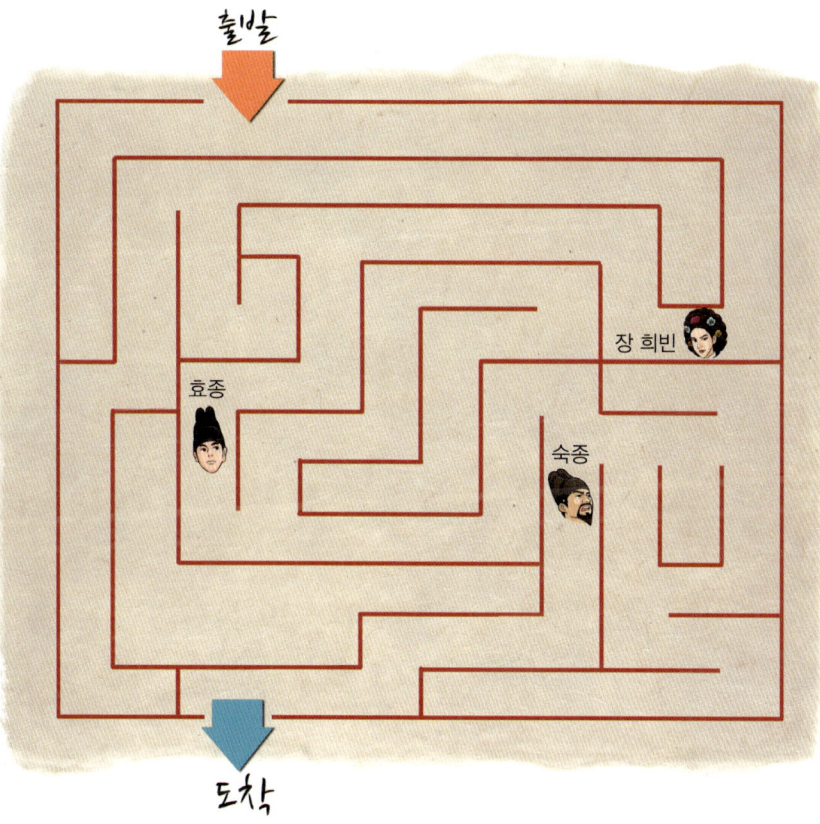

㉠ 청나라의 요청으로 러시아에 조총 부대를 파견했다.
㉡ 숙종의 총애를 받아 왕자를 낳고 중전의 자리에 올랐다가 빈으로 강등되었다.
㉢ 재위 동안 여러 차례의 환국을 일으켰다.

① ㉠-㉡-㉢
② ㉡-㉠-㉢
③ ㉡-㉢-㉠
④ ㉢-㉠-㉡

도전! 역사 퀴즈

9번 43쪽을 참고하세요.

Q. 다음 신문 기사의 (가)에 들어갈 책의 제목은 무엇일까요?   답 (   )

〈 (가) 〉 완성되다!

몇 년 전, 허준이 왕명을 받고 편찬을 시작한 의학서가 드디어 완성되었다. 20년에 가까운 시간을 들여 완성된 이 의학서는 질병으로 고통받는 사람들에게 큰 희망이 되고 있다.

① 동의보감
② 구황촬요
③ 향약구급방
④ 향약집성방

10번 88쪽, 89쪽을 참고하세요.

Q. 조선 후기에 일어난 어떤 전쟁에 대한 영화를 만드는 중입니다. 다음 시나리오에서 (가)에 들어갈 장면은 무엇일까요?   답 (   )

▲ 광해군의 중립 외교

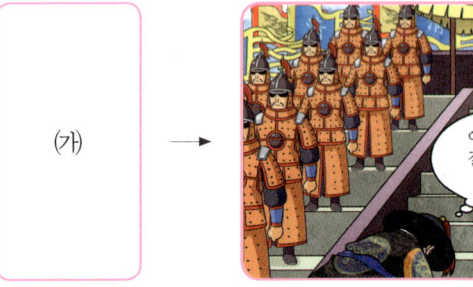
▲ 삼전도의 굴욕

① 인조가 왕위에 오르는 장면
② 장 희빈이 사약을 받는 장면
③ 영창 대군이 귀양을 가는 장면
④ 선조가 의주로 피란을 가는 장면

11번 121쪽을 참고하세요.

현종 때 일어난 사건일 텐데….

Q. 다음 ㉠에 들어갈 알맞은 사건은 무엇일까요?   답 (   )

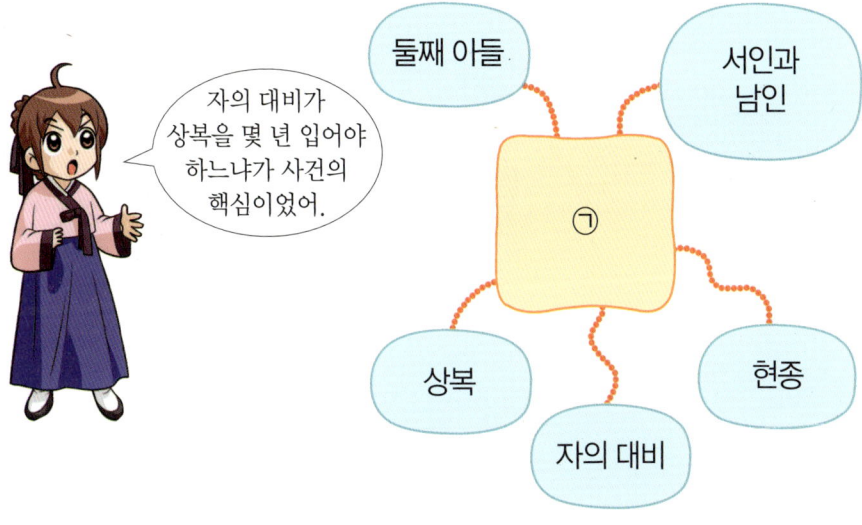

① 북벌론
② 병자호란
③ 기사환국
④ 예송 논쟁

12번 27쪽, 89쪽, 153쪽, 182쪽을 참고하세요.

Q. 다음 왕과 관련 있는 사건이나 사람을 선으로 연결하세요.

(1) 광해군 •   • ㉠ 장 희빈
(2) 인조   •   • ㉡ 정묘호란
(3) 효종   •   • ㉢ 영창 대군
(4) 숙종   •   • ㉣ 나선 정벌

도전! 역사 퀴즈

13번 🖉 57쪽, 89쪽을 참고하세요.

Q. 누리가 선생님께 질문을 하고 있습니다. 누리가 말하는 '이 전쟁'은 무엇일까요? 답(   )

'이 전쟁'이 일어나게 된 원인은 무엇인가요?

청나라가 조선에게 군신 관계를 요구했는데 조선이 그것을 거절했기 때문이란다.

① 임진왜란 ② 정유재란
③ 정묘호란 ④ 병자호란

광해군은 참 현명한 왕이었어.

14번 🖉 88쪽, 89쪽을 참고하세요.

Q. 다음 ㉠, ㉡에 들어갈 알맞은 말을 써 보세요.
답 (㉠   , ㉡   )

- 명나라와 후금 사이에서 (㉠) 정책을 펼친 광해군은 지원군을 파견하면서도 상황에 따라 실리적으로 대처할 것을 명령하였다.
- 청나라가 조선을 침략하자 인조는 (㉡)(으)로 들어가 항전하였다. 그러나 결국 청나라의 군신 관계 요구를 받아들였다.

드디어 마지막 문제야!

15번 ✏ 120쪽을 참고하세요.

Q. 다음은 조별 과제로 제작한 시나리오입니다. 이 시나리오의 제목으로 적절한 것은 무엇일까요? 답 (   )

장면 1. 어영청·수어청의 강화를 지시하는 효종
장면 2. 훈련도감에서 조총 사용법을 가르치는 하멜
장면 3. 병사들이 훈련하는 모습을 지켜보는 효종

① 안용복, 울릉도를 지켜라
② 임진왜란, 조선을 뒤흔든 전쟁
③ 예송, 왕실 의례 문제를 논하다
④ 북벌, 청나라에 당한 치욕을 씻어라

16번 ✏ 152쪽, 153쪽을 참고하세요.

Q. 사회 수업 시간에 한국사 스피드 퀴즈를 풀고 있습니다. ㈎에 들어갈 퀴즈의 정답은 무엇일까요? 답 (   )

① 예송　　② 환국　　③ 사화　　④ 탕평책

QR 박물관

스마트폰으로 QR코드를 찍어 보면 해당 기관의 문화재 정보로 연결됩니다.

전주 경기전

▲ 경기전 본전 ⓒ 문화재청

드론 촬영한 생생한 유적지를 만나 보세요!

태조 이성계의 초상화를 모신 곳이다. 태종 때 전주에 태조의 초상화를 모시고 어용전이라 하였는데, 세종 때 경기전으로 이름을 바꾸었다. 경기전은 임진왜란 때 불탔으나 1614년(광해군 6년)에 다시 고쳐 지었다. 사적 제339호.

• 소재지 : 전라북도 전주시 완산구 풍남동 3가 102번지

남한산성

▲ 남한산성 남문 ⓒ 문화재청

북한산성과 함께 수도인 한양을 지키던 조선 시대의 산성으로, 남한산성이 현재의 모습을 갖춘 것은 1624년(인조 2년)이다. 현재 남아 있는 시설은 문루와 장대·돈대·보 등의 방어 시설과 비밀 통로인 암문, 우물, 관아, 군사 훈련 시설 등이다. 우리나라 산성 가운데 시설이 잘 정비된 곳이다. 사적 제57호.

• 소재지 : 경기도 광주시 남한산성면 산성리 산1

서울 삼전도 비

ⓒ 문화재청

▲ 서울 삼전도 비 ⓒ 천재교육

병자호란에서 패배하여 청나라와 굴욕적인 강화 협정을 맺은 후, 청태종의 강요로 세워졌다. 비석은 높이 3.95m, 폭 1.4m로, 정식 명칭은 '대청황제공덕비(大淸皇帝功德碑)'이다. 비석 앞면의 왼쪽에는 몽골 글자, 오른쪽에는 만주 글자, 뒷면에는 한자로 써 있어 만주어 및 몽골어를 연구하는 데 중요한 자료이다. 사적 제101호.

• 소재지 : 서울시 송파구 잠실로 148

송시열 초상

조선 중기의 유학자인 우암 송시열의 초상화이다. 머리에는 검은색 건을 쓰고 유학자들이 평상시에 입는 옷인 창의를 걸치고 있다. 그림 오른쪽에는 송시열이 45세 때 쓴 글이, 위쪽에는 정조가 쓴 칭찬의 글이 남아 있다. 현재 전해지는 송시열 초상화 5점 중에서 이 그림이 제일로 손꼽힌다. 국보 제239호.
• 소장지 : 서울시 용산구 서빙고로 137 국립중앙박물관

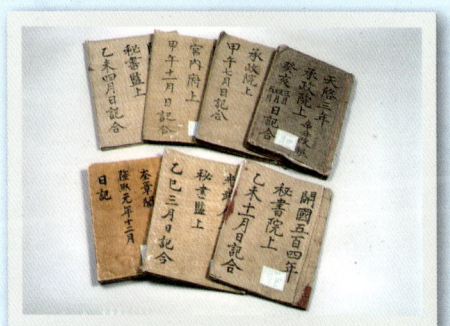
▲송시열 초상 ⓒ 문화재청

〈승정원일기〉

조선 시대 국왕의 비서 기관인 승정원에서 기록한 일기이다. 세종 대부터 작성되었으나, 조선 전기의 일기는 소실되었고 현재는 1623년(인조 1년) 3월부터 1910년 8월까지 288년간의 일기만 전해진다. 국왕과 신하들의 국정 논의 내용, 국왕에게 올린 상소문 등이 매우 자세하게 수록되어 있어 실록 편찬의 기본 자료로 사용되었다. 국보 제303호.
• 소장지 : 서울시 관악구 관악로 1, 103동 서울대학교 규장각 한국학연구원

▲〈승정원일기〉 ⓒ 문화재청

독도 천연 보호 구역

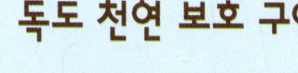

독도는 동도·서도 두 섬과 그 주위에 흩어져 있는 89개의 섬으로 구성되어 있다. 독도는 철새들이 이동하는 길목에 위치하여 동해안에서 바다제비·슴새·괭이갈매기의 대집단이 번식하는 유일한 지역이다. 또한 화산 폭발에 의해 만들어져 지질학적 가치가 클 뿐만 아니라 섬 주변의 바다 생물들도 매우 특수하다. 천연기념물 제336호.
• 소재지 : 경상북도 울릉군 울릉읍 독도리

▲독도 ⓒ 문화재청

* 본책에서 제공하는 사진 자료의 QR코드 서비스는 표시되어 있는 저작권 이용 조건에 따라 사용하실 수 있습니다.

도전! 역사 퀴즈 정답과 해설

1번

①예	②송		③북	벌	론
	시				
	열			④인	
				조	
		⑤독		반	
⑥경	기	도		정	

2번

	①대				
②동	의	보	감		
법			③인	조	
		④삼	현		
		전	왕		
⑤울	릉	도	후		

어서 답을 맞추어 보거라.

3번 답 ②

청나라에서 인질 생활을 하고 돌아와 왕이 된 효종은 청나라에 당한 치욕을 씻기 위해 북벌 운동을 추진했다.

4번 답 대동법

공물을 실제 물품으로 납부하는 방식 때문에 16세기 무렵부터 농민들이 피해를 입는 경우가 많이 생겼다. 그러자 광해군은 대동법을 실시하여 농민들의 부담을 줄여 주고자 했다.

5번 답 ④

광해군은 쇠약해진 명나라와 강성해진 후금이 충돌하자 두 나라 사이에서 신중하게 대처하는 중립 외교 정책을 펼쳤다.

6번 답 ②

17세기 들어 간도 지역에서 조선과 청나라 주민들 사이에 충돌이 자주 일어났다. 그러자 1712년(숙종 38년)에 조선과 청나라는 국경을 확정하기 위해 주변 지역을 조사한 뒤 백두산정계비를 세웠다.

7번 답 ①

안용복은 조선 숙종 때의 어민으로, 일본 어민들이 울릉도를 자주 침범하자 일본에 가서 우리 영토 침범에 대하여 항의했다.

8번 답 ②

㉠ 효종 때 청나라의 요청으로 두 차례에 걸쳐 러시아와의 전투에 참여했다. ㉡ 기사환국이 일어나 인현 왕후가 폐비되고 중전이 된 장 희빈은 갑술환국 후 사약을 받고 죽었다. ㉢ 숙종 재위 시기에 집권 세력이 급작스럽게 교체되는 환국이 여러 차례 일어났다.

9번 답 ①

〈동의보감〉은 1596년 허준이 선조의 명을 받고 편찬을 시작하여 1610년에 완성한 백과사전적인 의학서로, 2009년에 유네스코 세계 기록 유산으로 등재되었다.

10번 답 ①

첫 장면은 광해군이 강홍립에게 후금군에 항복할 것을 명령하는 장면이고, 마지막 장면은 병자호란 때 인조가 청나라 태종에게 항복하는 장면이다. 따라서 ㈎에는 인조반정의 내용이 들어가야 한다.

11번 답 ④

현종 때에 왕실 의례와 관련하여 두 차례의 논쟁이 일어났다. 효종과 효종의 비가 죽자 효종의 계모인 장렬 왕후(자의 대비)가 상복을 입는 기간을 둘러싸고 서인과 남인 사이에 벌어진 논쟁을 예송이라고 한다.

도전! 역사 퀴즈 정답과 해설

12번 답 (1) ㄷ (2) ㄴ (3) ㄹ (4) ㄱ

광해군은 아우인 영창 대군의 죽음과 관련이 있고, 인조 때에 정묘호란이 일어났다. 또 효종 때에 청나라의 요청으로 나선 정벌을 갔고, 장 희빈은 숙종의 빈이자 경종의 어머니이다.

13번 답 ④

1636년 후금이 나라 이름을 청(淸)으로 고치고 조선에 군신 관계를 강요했다. 조선이 이에 따르지 않자 청나라가 조선을 침략하였는데, 이 전쟁을 병자호란이라고 한다.

14번 답 ㉠ 중립 외교 ㉡ 남한산성

광해군의 중립 외교는 임진왜란 때 조선을 도와준 명나라를 돕는 한편, 새롭게 힘이 강해져서 조선에 위협이 되는 후금과도 다투지 않는 실리적인 대외 정책이다. 병자호란 때 인조와 일부 신하들은 남한산성으로 피신하였으나 곧 포위되었고, 47일 동안 대항하다가 결국 항복했다.

15번 답 ④

인조에 이어 왕위에 오른 효종은 전쟁에서 청나라에 패배한 치욕을 씻기 위해 북벌을 준비했다.

16번 답 ②

숙종은 왕권 강화를 위해 일방적으로 지배 세력을 교체하곤 했는데, 이를 환국(換局)이라고 한다.

자료 제공

사진 출처 **43** 허준·연합뉴스, 〈동의보감〉·문화재청 **44** 윌리엄 셰익스피어·위키피디아 **45** 페르디난트 2세·위키피디아, 뤼첸 전투·위키피디아 **69** 서울 삼전도 비·천재교육 **79** 아담 샬·위키피디아 **88** 누르하치·위키피디아 **90** 선양의 고궁·픽사베이, 고궁 내부·픽사베이 **91** 아담 샬·위키피디아 **111** 홍이포(복원품)·위키피디아 **122** 벨테브레이 동상·위키피디아, 홍이포(복원품)·위키피디아 **123** 〈하멜표류기〉·한국학중앙연구원, 하멜 기념비·천재교육 **154** 루이 14세·위키피디아, 베르사유 궁전·픽사베이 **155** 프리드리히 2세·위키피디아, 표트르 대제·위키피디아, 마리아 테레지아·위키피디아 **181** 신찬조선국전도·독도의 역사 독도의 진실(http://www.dokdo-takeshima), 조선전도·독도박물관, 삼국접양지도·국립고궁박물관, 대한 제국 칙령 제41호·국립중앙박물관 **183** 알바진 요새를 공격하는 청나라의 군대·위키피디아 **190** 〈동의보감〉·문화재청 **194** 경기전 본전·문화재청, 남한산성 남문·문화재청, 서울 삼전도 비·천재교육 **195** 송시열 초상·문화재청, 〈승정원일기〉·문화재청, 독도·문화재청

이 책에 사용한 모든 자료의 출처를 밝히기 위해 노력하였습니다. 누락되었거나 잘못된 점이 발견되면 바로잡겠습니다.

재미도 지식도 살아 있는 학습만화
LIVE 시리즈

과학 원리가 살아 있는 LIVE 과학

- 최신 과학 원리가 한 권에!
- 통합 교육 과정에 맞춘 교과 연계

• 첨단 과학(전 20권) / 지구 과학(전 10권) / 생명 과학(전 10권) / 기초 물리(전 10권) / 기초 화학(전 10권)
초등 전 학년 | 전 60권 | 각 권 200쪽 | 정가 각 13,000원

역사의 흐름이 살아 있는 LIVE 세계사

- 전문가와 함께 기획한 구성
- 각 나라의 대표 인물을 통해 배우는 생생한 역사

• 초등 전 학년 | 전 20권 | 각 권 200쪽 | 정가 각 13,000원

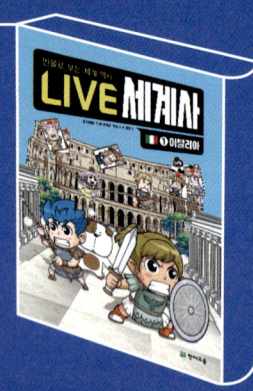

지식과 인물이 살아 있는 LIVE 한국사

- 시대별 인물을 통해 배우는 생생한 역사
- 한국사 능력 시험 직접 연계

• 초등 전 학년 | 전 20권 | 각 권 200쪽 | 정가 각 13,000원

재미를 더해 주는 멀티미디어 학습까지 한번에 즐거요!